AF721650

Kontaktadresse nach EU-Produktsicherheitsverordnung:
produktsicherheit@fischerverlage.de

Mit guten Gründen hat man den Mittelmeer-Raum die »Wiege Europas« genannt. Die Geschichte des Abendlandes hat von dort ihren Ausgang genommen. Zugleich liegen dort die Anfänge eines vielfältigen, spannungsvollen Austausches zwischen großen Kulturen. Die mediterrane Welt zeigt (geographisch, gesellschaftlich, ideengeschichtlich und politisch) nicht nur ein ›westliches‹ Gesicht, sondern auch ein ›östliches‹ und ein ›afrikanisches‹; sie war und ist das Laboratorium nicht einer einzigen, sondern mehrerer Zivilisationen.

Hierauf beruht die anhaltende Faszinationskraft, die den Reisenden ebenso wie den Historiker lockt. Sie führt den anschaulichen Beweis für die Vielsprachigkeit der Lebensformen, für den Bildungsprozess kultureller Identität durch Widerspiel und Nachbarschaft, Öffnung und Selbstbehauptung.

Davon handelt das vorliegende Buch, zu dem sich unter der Herausgeberschaft von Fernand Braudel drei hochrenommierte Autoren zusammengefunden haben. Deren Kennerschaft ist unangefochten wie deren überzeugende schriftstellerische Fähigkeiten. Das Ergebnis dieser »geographischen, geschichtlichen und kulturellen Erkundungsreise« (Braudel) ist ein ebenso übersichtliches wie bestechendes Bildnis der mediterranen Regionen und Lebensweisen.

Fernand Braudel (1902–1986) war nach Marc Bloch und Lucien Febvre die herausragende Gründerfigur der neuen französischen Geschichtswissenschaft. Er hat an französischen und ausländischen Universitäten gelehrt, zuletzt war er Direktor an der École Pratique des Hautes Études in Paris. Zu seinen bahnbrechenden Werken zählen »Civilisation matérielle, économie et capitalisme« und »La Méditeranée et le monde méditerranéen à l'époque de Philippe II«.

Georges Duby (1919–1996) lehrte seit 1970 Geschichte des Mittelalters am Collège de France. Er war Mitherausgeber der fünfbändigen ›Geschichte des privaten Lebens‹ (S. Fischer Verlag 1989–93).

Maurice Aymard (* 1936) ist Directeur d'Études an der École des Hautes Études en Sciences Sociales sowie Administrateur adjoint am Maison des Sciences de l'Homme in Paris.

Weitere Informationen finden Sie auf www.fischerverlage.de

Fernand Braudel
Georges Duby
Maurice Aymard

Die Welt des Mittelmeeres

Zur Geschichte und Geographie kultureller Lebensformen

Herausgegeben von
Fernand Braudel

Aus dem Französischen von
Markus Jakob

FISCHER Taschenbuch

4. Auflage

Unveränderte Neuausgabe

Hedderichstr. 114, 60596 Frankfurt am Main

Die französische Originalausgabe
erschien unter dem Titel
»La Méditerranée. L'espace et l'histoire,
les hommes et l'heritage«
im Verlag Flammarion, Paris 1986

Printed in Germany
ISBN 978-3-596-16853-8

Inhalt

Fernand Braudel

Mediterrane Welt

In diesem Buch fahren Schiffe übers Meer; die Wellen nehmen ihren Gesang auf; Weinbauern an der genuesischen Riviera gehen die abendlichen Hügel hinab; in der Provence und in Griechenland werden die Früchte von den Ölbäumen geschlagen; Fischer legen ihre Netze in der stillen Lagune von Venedig oder auf den Kanälen von Dscherba aus; Schiffbauer zimmern Kähne, die gleichen heute wie gestern ... Und noch einmal sind wir, wenn wir ihnen zuschauen, aus der Zeit.

Woran wir uns hier versucht haben, ist die Wiedereröffnung des Austauschs zwischen Vergangenheit und Gegenwart, der Grenzübergänge von der einen zur anderen und wieder zur einen, ein beständiges Rezitativ zweier durch nichts eingeschränkter Stimmen. Falls es gelungen ist, dieses Buch mit ihrem Dialog zu beseelen, mitsamt seinen Fragestellungen, die aneinander wechselweise Widerhall finden, ist auch unser Vorhaben geglückt. Geschichtsforschung ist nichts anderes als die ausdauernde Befragung der Vergangenheit im Namen der Probleme und der Wißbegier der Gegenwart – auch des Beunruhigenden und Beängstigenden der Zeit, in der wir uns bewegen und von der wir belagert werden. In keinem anderen Kulturkreis erweist sich das so deutlich wie im Mittelmeerraum, denn er hört nicht auf, sich selbst zu erzählen, sich selbst zu erneuern. Aus Lebenslust zweifellos, aber nicht minder aus Notwendigkeit. Gewesen zu sein, stellt Bedingungen, um zu sein.

Was ist das, die mediterrane Welt? Tausend Dinge auf einmal. Nicht eine Landschaft, sondern unzählige Landschaften. Nicht eine Zivilisation, sondern viele Zivilisationen, eine auf die andere geschichtet. Im Mittelmeerraum reisen heißt, auf die römische Welt im Libanon treffen, auf eine prähistorische in Sardinien, auf griechische Städte in Sizilien, auf Spuren arabischer Anwesenheit in Spanien, solche des türkischen Islam in Jugoslawien. Es heißt, auf den Grund der Zeitalter hinabtauchen, bis zu den megalithischen Bauwerken auf Malta oder den ägyptischen Pyramiden. Es heißt, Altes und Uraltes, das noch lebendig ist, Seite an Seite mit höchst Neuzeitlichem finden: den ungeheuren Industriekomplex von Mestre neben dem scheinbar unverrückbaren Venedig, die Fischerbarke, die sich in nichts von dem Boot des Odysseus unterscheidet, neben einem Supertanker oder einem jener Hochseefangschiffe, welche die Meere plündern. Es heißt, sich in den archaischen Gehegen mediterraner Inseln verlieren und staunend die Vitalität sehr alter Städte zur Kenntnis nehmen, die allen erdenklichen Lebensentwürfen und dem Begehren nach Wohlstand offengestanden haben und die seit Jahrhunderten über das Meer wachen, sich von ihm nähren.

Denn lange schon ist das Mittelmeer Schnittpunkt verschiedener Welten. Seit Jahrtausenden strömt hier alles zusammen, wirbelt die Geschichte durcheinander und bereichert sie: Menschen, Lasttiere, Wagen, Waren, Schiffe, Ideen, Religionen, Lebenspraktiken. Und Pflanzen. Man glaubt, es seien Mittelmeergewächse. Aber abgesehen vom Ölbaum, vom Wein und vom Getreide – autochthonen, jedenfalls schon früh hier heimischen Pflanzen – stammen die meisten aus fernen Gegenden. Käme Herodot, der Vater der Geschichtsschreibung, der im 5. Jahrhundert vor Christus gelebt hat, heute als einer der ungezählten Touristen hierher zurück, er würde eine Verblüffung nach der anderen erleben. Ich stelle ihn mir vor, schreibt Lucien Febvre, »wie er seine Reise ums östliche Mittelmeer nochmals unternimmt. Wie würde er sich wundern! Diese schimmernden Früchte in den kleinen dunkelgrünen Bäumen, Orangen, Zitronen, Mandarinen, er könnte sich nicht erinnern, sie zu seinen Lebzeiten gesehen zu haben. Wahrhaftig, sie stammen aus dem Fernen Osten, die Araber haben sie eingeführt. Und diese ganz absonderlichen, stacheligen Pflanzen, blütenbestandene Pflanzenschäfte eigentlich, die merkwürdige Namen tragen, Kaktus, Agave, Aloe, und der Feigenbaum – auch sie hat er nie zuvor zu Gesicht bekommen. Wahrhaftig, sie stammen aus Amerika. Und die großen Bäume mit hellem Blattwerk haben zwar einen griechischen Namen: Eukalyptus, aber noch nie ist ihm ein solches Gewächs begegnet. Du liebe Zeit, sie stammen aus Australien. Auch die Zypressen sind ihm unbekannt, ihre Heimat ist Persien. Das ist freilich erst das Augenscheinlichste. Welche Überraschungen erwarten ihn, wenn er auch nur eine Kleinigkeit ißt – ob Tomaten, die aus Peru, oder Auberginen, die aus Indien stammen, so wie der Nelkenpfeffer aus Guayana und der Mais aus Mexiko, und der Reis ist ein Geschenk der Araber, ganz zu schweigen von den Bohnen und der Kartoffel, auch dem Pfirsich, der ursprünglich aus chinesischem Gebirge über den Iran zu uns kam, und schließlich dem Tabak«. Dennoch ist das alles zum Kennzeichen der Landschaft des Mittelmeers geworden: »Die Riviera ohne Orangenbäume, die Toskana ohne Zypressen, eine Marktauslage ohne Paprika ... wäre das für uns heute nicht völlig unbegreiflich?« (Lucien Febvre, *Annales*, XII, 29)

Und wenn man ein Verzeichnis der mediterranen Bevölkerungen erstellte, der Menschen, die an den Gestaden des Mittelmeers geboren wurden oder Nachkommen derer sind, die einst hier zur See fuhren oder die terrassenartigen Haine und Felder bebauten, sowie der Neuankömmlinge, die allmählich in diesen Raum eindrangen, gewönne man nicht den gleichen Eindruck, den die Vielfalt seiner Pflanzen und Früchte in uns hervorruft?

Sowohl landschaftlich wie in seiner menschlichen Physiognomie ist die Mittelmeerszenerie eine aus Ungleichartigem zusammengesetzte Welt, die erst in unserer Vorstellung zu einem zusammenhängenden Bild sich fügt, wie in einem System, in dem das Unterschiedene zunächst vermengt und dann zu einer originalen Einheit neu verflochten wird. Wie jedoch diese offensichtliche Einheit erklären, die das Wesentliche der mediterranen

Kultur ist? Dazu bedarf es mehr als eines einzigen Versuchs. Denn die Natur, die wohl manches bewirkt hat, erklärt nicht alles, und auch die Menschen allein nicht, die hartnäckig das Unverbundene zu verbinden gesucht haben; sowohl die Gunst wie die Ungunst der Natur – beide in vielfältiger Weise – als auch die mannigfachen Anstrengungen der Menschen, heute wie gestern, haben das Ihre beigetragen, also eine endlose Summierung von Zufällen und Schicksalsfügungen, von Glücksfällen, die sich wiederholten.

Die Absicht dieses Buches ist es, zu zeigen, daß diese Erfahrungen und Erfolge nur dann verständlich werden, wenn man sie im Zusammenhang sieht; mehr noch, daß man sie miteinander vergleichen und von heute her illuminieren sollte, denn die Gegenwartsperspektive ist es, die das Bild vom Gestern herstellt und es entziffern hilft – und umgekehrt. Die mediterrane Welt bietet sich geradezu an, ein »anderes« Geschichtsverständnis zu wagen. Denn der Meeresspiegel, so wie wir ihn wahrnehmen und lieben, ist über der Tiefe seiner erstaunlichen Vergangenheit das leuchtendste und beredteste aller Zeugnisse.

Fernand Braudel

Das Land

Auf der Weltkarte ist das Mittelmeer nichts weiter als ein Riß in der Erdkruste, eine schmale Spindel, die sich von Gibraltar bis zum Isthmus von Suez und zum Roten Meer erstreckt. Einbrüche, Spaltungen, Absenkungen und Erdfaltungen ließen tiefe, wassergefüllte Gräben entstehen, an deren Rändern sich nicht enden wollende Ketten junger, hoher, scharf gezackter Berge erhoben. In dem 4600 Meter tiefen Graben beim Kap Matapan könnte der höchste Gipfel Griechenlands, der 2985 Meter hohe Olymp, unschwer Platz finden.

Diese Bergketten stoßen ins Meer vor, umzingeln es, so daß es sich an manchen Stellen zu einer schmalen Rinne zusammenzieht, so bei Gibraltar, so in der Bocca di Bonifacio, so in der Straße von Messina mit den Strudeln der Charybdis und der Skylla, so entlang den Dardanellen und dem Bosporus. Das ist nicht mehr offene See, das sind Flüsse oder Tore zum Meer.

Aus diesen Toren, Meerengen und Gebirgen ergibt sich die räumliche Ordnung des Gewässers. Sie schneiden daraus eigentümliche Wannen heraus: das Schwarze, das Ägäische, das Adriatische Meer, über das lange Zeit die Venezianer geboten, und das weitläufige Tyrrhenische Meer. Und wie ihr Umkehrbild entspricht dieser Gliederung des Meeres in Becken die Teilung des Festlandes in Regionen: die Balkanhalbinsel, Kleinasien, Italien, Iberien, Nordafrika.

Indessen hebt sich von dieser Grundstruktur eine Formation ab, die für das Verständnis der Vergangenheit des Meeres von der Epoche der griechischen und phönizischen Kolonisierungen bis in die Neuzeit bedeutsam ist. Durch das Zusammenwirken von Geographie und Geschichte hat sich eine mittlere Grenzlinie aus Küsten und Inseln gebildet, die in nord-südlichem Verlauf das Meer in zwei feindliche Hälften spaltet. Man ziehe diese Linie von Korfu und der Straße von Otranto, die das Adriatische Meer halb abschließt, über Sizilien bis an die Küste des heutigen Tunesien: östlich davon ist man im Orient, westlich davon im Okzident, im klassischen Sinn dieser Worte. Wen verwunderte es, daß diese Schlüssellinie gleichzeitig die große Achse vergangener Schlachten ist: Aktium, Prevesa, Lepanto, Malta, Zama, Dscherba? Sie ist, in der Tat, eine Front des Hasses und kriegerischer Unversöhnlichkeit, der befestigten Städte und Inseln, die sich gegenseitig, von ihren Schutzwällen und Wachttürmen herab, belauern.

Das Schicksal Italiens erweist sich eben darin: es bildet die Mittelachse des Mittelmeers, und mehr als gewöhnlich angenommen, war es stets geteilt in ein Italien, das dem Abend, und ein anderes, das dem Morgen zugewendet ist. Schöpfte es nicht daraus lange Zeit seine Reichtümer? Die Möglichkeit und der Traum, das ganze Meer zu beherrschen, liegen in seiner Natur begründet.

Eine noch immer brodelnde Geologie

Auslöser der Brüche und Faltungen, der engen Nachbarschaft von Meerestiefen und Berggipfeln im Mittelmeerraum ist eine brodelnde Geologie, deren Werk von der Zeit noch nicht verwischt worden ist und die vor unseren Augen weiterwirkt. Aus ihr wird verständlich, weshalb das Meer von Inseln und Halbinseln übersät ist, Überreste versunkener Kontinente die einen, wankende Erdstümpfe die anderen, und weshalb die Zackenreliefs von der Erosion kaum abgeschliffen wurden; sie erklärt Erdbeben und den Ausbruch von Vulkanen, die oft nur grollen, eine Weile zur Ruhe kommen, um dann plötzlich auf dramatische Weise zu eruptieren.

Wachtposten mitten im Meer, steht da nördlich der Liparischen Inseln der Stromboli mit seiner Rauchfahne. Jede Nacht taucht er den Himmel und das umliegende Meer ins Licht seiner glühenden Geschosse. Und da ist der immer bedrohliche Vesuv, wenngleich sein rauchiger Helmbusch hinter Neapel sich seit etlichen Jahren nicht mehr erhoben hat. Aber hat er nicht nach Jahrhunderten einlullender Passivität im Jahre 79 n. Chr. Herculaneum und Pompeji unter sich begraben? Und schließlich der König dieser Feuerberge, der über der schönen Ebene von Catania noch immer aktive Ätna (3313 m), Stätte von Legenden: der mit Donner und himmlischem Blitz begabten Zyklopen, die in der Schmiede des Vulkan ihre riesigen rindsledernen Blasebälge antrieben; der Philosoph Empedokles soll sich in den Krater gestürzt haben, der lediglich die eine seiner Sandalen wieder ausgespuckt habe. »Wie oft«, ruft Vergil aus, »haben wir nicht den brodelnden Ätna aus sich fahren, Feuerkugeln und flüssiges Gestein seine Hänge hinabwälzen gesehen.« Die Geschichtsschreibung verzeichnet an die hundert Ausbrüche des Ätna seit jenem denkwürdigen, von dem Pindar und Äschylos um 475 v. Chr. berichten.

Die Insel Santorin in der Ägäis (das einstige Thera) ist ein vulkanischer Krater, von dem nur eine Hälfte übriggeblieben ist, während die andere im Meer versank, als ihn um 1450 v. Chr. eine fürchterliche Explosion in zwei Teile zerriß. Sie soll, so die Experten, viermal gewaltiger als jene gewesen sein, bei der 1883 die Insel Krakatau in der Sundastraße halb weggesprengt wurde und die phantastische Springfluten hervorrief, welche Schiffe und Wagen über die Dächer mehrstöckiger Häuser hinwegschleuderte und Wolken aus glühender, verdunkelnder Asche über Hunderte von Kilometern trieb. Ist es also bare Spekulation, wenn Historiker vermuten, daß zu den verheerenden Folgen der Explosion von Santorin auch das jähe Verschwinden der glanzvollen Zivilisation auf Kreta gehört, die etwa zur gleichen Zeit unterging? Tatsächlich wurde Kreta, wie sich bei Ausgrabungen nachweisen ließ, durch den Ausbruch des Vulkans von

Thera unter glühender Asche begraben. Ob die verpesteten Wolken auch Syrien und Ägypten erreichten? Der *Exodus* spricht von einer Schreckensnacht, die drei Tage währte und die sich die in Gefangenschaft des Pharao befindlichen Juden zur Flucht zunutze machten. Muß auch dieses Ereignis im Zusammenhang mit dem Vulkan von Thera gesehen werden?

Soviel steht fest, daß der Krater von Santorin, genauso wie der überschwemmte Vulkan der einstigen Insel Krakatau, weiterhin tätig ist. Seit dem 1. Jahrhundert v. Chr. und bis in unsere Zeit (1928) haben Ausbrüche im Bereich des ehemaligen Kraters mehrere vulkanische Inseln und Eilande entstehen lassen, und noch heute brodelt das Meer um Santorin, die Insel der seltsamen Farben. So ist denn noch immer Feuer unter dem Teufelskessel.

Hat nicht die mediterrane Bevölkerung seit ihrer frühesten Geschichte fortwährend unter der Drohung von Vulkanausbrüchen und Erdbeben gelebt? In einem Heiligtum in der alten kleinasiatischen Stadt Çatal Hüyük ist auf einem um 6200 v. Chr. entstandenen Wandgemälde im Hintergrund, hinter den stufenförmig geschichteten Häusern der Stadt, ein ausbrechender Vulkan, vermutlich der Hasan Dag, dargestellt. In Kleinasien stößt man heute noch bei Ausgrabungen auf die Trümmer von Monumenten, die anscheinend durch Erdbeben zerstört wurden, und in der am stärksten von Erschütterungen heimgesuchten Gegend sogar auf die frühesten bekannten Spuren einer Leichtbauweise, einige Jahrtausende vor Christus offensichtlich dazu entwickelt, diesen Kataklysmen zu widerstehen.

Berge, fast überall rund ums Meer

In der Erdgeschichte liegt auch die Erklärung, weshalb das mediterrane Festland überreich an Gebirgen ist. Junge, hohe Berge mit lebhaften Formen, die wie ein steinernes Gerippe die Haut der Mittelmeerlandschaft durchbrechen: die Alpen, der Apennin, der Balkan, der Taurus, der Libanon, der Atlas, die Bergketten Spaniens, die Pyrenäen: welch ein Gefolge! Schroffe Felswände, deren Firne monatelang mit Schnee bedeckt sind und die sich über dem Meer oder über heißen Ebenen erheben, wo Rosen und Orangenbäume blühen; Steilhänge, die oft direkt ins Meer abfallen – diese klassischen Landschaften finden sich an allen Enden des Mittelmeers wieder, beinahe austauschbar. Wer wollte von sich behaupten, er vermöge die Küste Dalmatiens, die Sardiniens und die südspanische in der Umgebung von Gibraltar auf den ersten Blick zu unterscheiden? Wer könnte da jeden Irrtum ausschließen? Und doch sind diese Küsten Hunderte von Kilometern voneinander entfernt.

Indessen ist nicht die gesamte Mittelmeerküste gebirgig. Schon an der Nordküste gibt es einige Unterbrechungen: das Languedoc bis zum Rhonedelta, auch die Küste Venetiens an der Adria. Die Hauptausnahme von der Regel bildet jedoch der ungewöhnlich flache, sozusagen blinde Küstenstrich im Süden, der sich über Tausende von Kilometern vom tunesischen Sahel bis zum Nildelta und bis zu den Bergen des Libanon erstreckt. An diesem langen eintönigen Ufer stößt die Sahara unmittelbar auf das Binnenmeer. Vom Flugzeug aus betrachtet stehen sich hier zwei ungeheure Flächen – die Wüste, das Meer – Rand an Rand gegenüber, lediglich ihre Färbungen heben sich voneinander ab, einerseits das Blau, das sich zum Violett und zum Schwarz verdunkelt, andererseits das Weiß, das ins Ocker und Orange spielt.

Die Wüste ist eine fremdartige Welt, die das Innere Afrikas und die Wildheit des Nomadendaseins bis ans Mittelmeer trägt – Lebensverhältnisse, die nichts mit denen der gebirgigen Zonen gemein haben, eine *andere* mediterrane Sphäre, die sich jener entgegenstellt und unaufhörlich ihren Platz beansprucht. In der Natur selbst gründet diese Dualität, eine eingeborene Feindschaft sogar. Die Geschichte aber hat die verschiedenen Bestandteile so vermengt, wie sich im Meer Salz und Wasser mischen.

Der Abendländer darf also aus der mediterranen Partitur nicht allein die ihm vertrauten Stimmen heraushören, immer sind da auch fremde, befremdende Laute, und zum Klavierspielen braucht man beide Hände. Es ist eine andere Natur, eine andere Geschichte, eine andere Seele, je nachdem, ob man sich nördlich oder südlich des Meeres befindet, ob man nur in diese eine oder nur in jene Richtung blickt. Europa und seine Halbinseln werden von Gebirgen abgeschirmt. Südwärts aber, sieht man von den nordafrikanischen Dschebels mit ihren wirren Bäumen ab, breitet sich Wüste aus, ein versteinertes oder sandiges Meer, und hinter der Sahara das scheinbar endlose Schwarzafrika oder – in der Verlängerung – die asiatischen Wüsten. Und über diese ungeheuren Flächen ziehen keine Schiffe oder Schiffskonvois, sondern Kamelkarawanen, Tausende von Lasttieren, die Lebensmittel und andere Kostbarkeiten tragen: Gewürze, Pfeffer, Drogen, Seide, Elfenbein, Goldstaub ...

Stellen wir uns die allmähliche, Jahrhunderte währende Eroberung dieses ausgedörrten Raums vor, in dem der Mensch gleichwohl auf Wasser gestoßen ist und es verstanden hat, es aus den Gründen zu schöpfen, Oasen zu schaffen, tiefwurzelnde Palmen anzupflanzen, Fährten und Wasserstellen wiederzufinden, an die die seltenen Grünzonen anschließen, auf denen seine Herden weiden können. Eine langsame, wunderbare Eroberung, Schritt für Schritt.

So erstreckt sich denn der Mittelmeerraum vom ersten Ölbaum, dem man von Norden kommend begegnet, bis zum ersten dichten Palmenhain, der in der Wüste vor einem erscheint. Wer von Norden kommt, entdeckt den ersten Ölbaum hinter dem »Riegel« von Donzère an der Rhone. Der erste dichte Palmenhain taucht (es gibt kein besseres Wort) südlich von Batna und Timgad auf, sobald man das Goldene Tor von El Kantara durchschritten und den Atlas hinter sich gelassen hat. Aber zu Begegnungen dieser Art, jedesmal aufs neue betörend und herzergreifend, ist überall rund ums Mittelmeer Gelegenheit. Ölbäume und Palmen halten dabei Ehrenwache.

Was die Einheit des Mittelmeerraums vor allem anderen ausmacht, ist das Klima, ein besonderes Klima, das sich von einem Ende des Meers zum anderen nahezu gleich bleibt und die Landschaften und Lebensweisen zusammenschweißt. Es ist, in der Tat, von den örtlichen äußeren Bedingungen beinahe unabhängig, entsteht vielmehr im Atem zweier benachbarter Großräume, des Atlantischen Ozeans im Westen, der Sahara im Süden. Regelmäßig greifen diese beiden Gewalten über ihr Reich hinaus und bemächtigen sich des Meers, das selbst nur eine passive Rolle spielt: seine Masse lauwarmen Wassers (11°) begünstigt einmal das Vordringen der einen, dann wieder der anderen.

Jeden Sommer fließt die trockene, brennendheiße Saharaluft nordwärts weit über ihre Grenzen hinaus und bedeckt das Wasser in seiner ganzen Ausdehnung. Dann wölbt sich über dem Mittelmeer ein prächtig leuchtender heller Himmel, und die Nächte schimmern von Sternen, wie nirgendwo sonst. Nur wenn die Südwinde aufspringen, sandführende Wüstenwinde wie der Kamsin oder der Scirocco, Horazens grauer und bleischwerer »Plumbeus Auster«, verfinstert sich während einiger Tage der Sommerhimmel.

Der Sahara ausgeliefert, ist das Mittelmeer sechs Monate lang das Paradies der Touristen, der Wassersportler, mit überfüllten Stränden vor dem blauen, still unter der Sonne glänzenden Wasserspiegel. Derweil leben Tiere und Pflanzen in Erwartung des Regens. Wasser ist eine Seltenheit und daher kostbar, kostbarer als alles andere. Die von April bis September vorherrschenden Nordostwinde, die »Etesien« der Griechen, bringen keine wirkliche Linderung, keine Feuchtigkeit in den Sahara-Glutofen.

Die Wüste hat ausgespielt, wenn der Ozean zum Zuge kommt. Von Oktober an wandern die feuchtigkeitsbeladenen ozeanischen Tiefs wie Prozessionen von Westen nach Osten. Winde aus allen Himmelsrichtungen sammeln sich um sie und treiben sie voran, ostwärts. Auch das Meer verdüstert sich, nimmt die

Grautöne der Ostsee an oder erscheint wie schneebedeckt, von feinen weißen Schaumkronen überzogen. Die Stürme, schreckliche Stürme, brechen los. Verheerende Winde – der Mistral, die Bora – peitschen das Wasser auf, und an Land gilt es, vor ihrem entfesselten, gewaltsamen Treiben Schutz zu suchen. Die Zypressenreihen in der Provence, die Windschutzhaine aus Schilfrohr in der Mitidscha, die Strohgarben, mit denen die Gemüsesaatbeete in Sizilien umgeben werden, sind zur Abschirmung der Pflanzungen unerläßlich. Gleichzeitig senkt sich über die Landschaften ein Schleier aus Regenfällen und tiefhängenden Wolken. Das ist der dramatische Himmel über Toledo in Grecos Gemälden oder, winters, der prasselnden Schauer über Algier, der die Touristen verdutzt. Plötzlich schwellen die ausgetrockneten Flüsse an, und sowohl in den Ebenen des Roussillon als auch in der Mitidscha, in der Toskana, in Andalusien oder in der Region um Saloniki häufen sich jähe Überschwemmungen. Selbst die Wüste wird mitunter von abrupt losbrechenden Regengüssen heimgesucht, die die Straßen Mekkas unter Wasser setzen und die Wüstenpfade in der Nordsahara in schlammige Wildbäche verwandeln. In Aïn Sefra im Süden Orans wurde 1904 die wüstenbegeisterte Exilrussin Isabelle Eberhard von einem unvermuteten Hochwasser des Wadis in den Tod gerissen.

Und doch sind die Regenfälle segensreich. Bei Aristophanes freuen sich die Bauern darüber, sie verbringen die Zeit, wenn es draußen nichts mehr zu tun gibt, wenn Zeus die Erde unter mächtigen Regenschlägen fruchtbar macht, mit Schwatzen und Trinken. Ernsthaft gearbeitet wird erst wieder, wenn der Regen im Frühling allmählich versiegt, sobald Hyazinthen und weiße Lilien sprießen und die Schwalben zurückkehren. Ihre Ankunft wird mit Liedern gefeiert. So in Rhodos:

> Schwalbe, Schwalbe,
> Mit dir kommt der Frühling,
> Schwalbe mit dem weißen Bauch
> Und dem schwarzen Rücken.

Nun ist sie da, das Tor der Jahreszeiten hat sich in seinen Angeln gedreht.

Alles in allem herrscht ein dem pflanzlichen Leben abholdes, feindliches Klima. Im Winter, wenn die Kälte der Vegetation Einhalt gebietet, trifft der Regen reichlich ein. Und kommt erst Hitze auf, ist kein Wasser mehr da. Auch sind die Pflanzen des Mittelmeerraums nicht nur uns zuliebe wohlriechend, und nicht unseretwegen sind ihre Blätter flaumig oder wächsern und ihre Stengel stachlig, sie sind es auch und vor allem zum Schutze vor der Trockenheit jener heißen Tage, an denen einzig die Grillen Laut geben. Und daß in Andalusien die Getreideernte so früh, im April schon, fällig wird, hängt mit dieser klimatischen Konstellation zusammen; das Korn richtet sich nach den Verhältnissen, die seine Ähren in kürzester Frist zur Reife treiben.

Die Gewinnung des Bodens

Das optische Vergnügen, die Schönheit der Dinge täuschen über die Tücken der Geologie und des mediterranen Klimas hinweg. Zu leicht lassen sie vergessen, daß der Mittelmeerraum nicht ein Paradies war, das zum Ergötzen seiner Bewohner bereitgestanden hätte. Alles mußte hier erst aufgebaut werden, und oft unter ärgeren Mühen als anderswo. Der mürbe und zunächst noch karge, dünne Boden kann nur mit dem Holzpflug aufgelockert werden. Es braucht bloß einmal tüchtig zu regnen, schon rutscht die bröcklige Erde, als wäre sie flüssig, die Hänge hinab. Das Gebirge unterbricht die Verkehrswege, es schnürt die Ebenen ein, beschränkt die Felder oft auf einige schmale Bänder, dann beginnen sogleich die Steilpfade, beschwerlich zu begehen für Mensch und Tier.

Die Ebenen wiederum bleiben, sofern sie einigermaßen ausgedehnt sind, lange den über die Ufer tretenden Wassern preisgegeben. Sie mußten den unwirtlichen Sümpfen abgerungen, vor den zerstörerischen Strömen, die der Winter anschwellen läßt, geschützt und von der Malaria befreit werden. Die Ebenen landwirtschaftlicher Nutzung zuführen hieß, zuerst das unselige Wasser bekämpfen, sodann Wasser, frisches diesmal, zur Erweckung der Böden herbeileiten.

Diese langsame, überaus langsame Eroberung wurde erst in unserem Jahrhundert, ja erst kürzlich abgeschlossen. Heute nun ist es schwierig, überhaupt noch einen solchen Landstrich mit seinen stillen, fauligen Wassern zu finden. In der Nähe Sabaudias, dieser neuen, mitten in den Pontinischen Sümpfen erbauten Stadt, gibt es einen einige Hektar großen Teich, der sich, im Herzen eines staunenswerten Nationalparks gelegen, zwischen den aus ihm aufragenden Bäumen erstreckt. Wer ihn anschaut, liest in einem archäologischen Zeugnis.

Der Beweis für die Anstrengungen, die unternommen wurden, sind die teils alten, teils modernen Bewässerungs- und Entwässerungsanlagen, über die das Wasser sinnvoll verteilt wird. Eine fabelhafte Leistung, deren Initiatoren die Araber in Spanien waren. In der Huerta von Valencia, dem Kernstück eines sehr früh erfolgreichen Bewässerungssystems, gibt es die berühmte Wasserbörse, auf der immer noch Jahr für Jahr das kostbare Gut versteigert wird. Und die paradiesische Conca d'Oro um Palermo mit ihren Orangenhainen und Rebgärten ist ein Wunderwerk der Dienstbarmachung des Wassers, freilich erst seit dem 15. und 16. Jahrhundert.

Man braucht nur den Lauf der Jahrhunderte zurückzuverfolgen, um sich zu vergewissern, daß jede mediterrane Ebene ursprünglich unter Wasser stand, sowohl der Unterlauf des Guadalquivir als auch die Poebene, das Tiefland bei Florenz und manche Ebene im fernen Griechenland, wo das Faß der Danaiden an die Mühen des Wasserschöpfens erinnert.

Um den Gehorsam und das Kapital zu erlangen, das zu ihrem Gedeihen erforderlich ist, mußten in der Ebene vielköpfige, disziplinierte Gesellschaften geschaffen werden; Großgrundbesitzer, Adel und Bürgertum machten sich darin als gewichtige Klassen breit, Städte und mächtige Ansiedlungen wuchsen heran.

Heute wird die Ebene rücksichtslos mit modernsten Mitteln ausgebeutet, ob im Getreide- oder im Weinbau. Sie gerät so in den Einflußbereich einer massiv kapitalistischen Ertragswirtschaft und Profitgier. Die archaische Landwirtschaft verschwindet.

Aus der schwierigen Bemeisterung und allmählichen Nutzbarmachung des Tieflands wird deutlich, daß – scheinbar ein Paradox – die geschichtlichen Anfänge der mediterranen Bevölkerungen im Hügel- und Bergland liegen, wo die Bewirtschaftung stets beschwerlich und ungewiß war, jedoch gefeit vor der mörderischen Malaria und den immer wieder drohenden Kriegsgefahren. Daher die vielen im Gebirge versteckten Dörfer und kleinen Städte, deren Befestigungsanlagen unmittelbar aus dem abschüssigen Fels herauswachsen. So sieht es in den Sahels Nordafrikas aus, auf den Hügeln der Toskana, in Griechenland, auf den Hängen der römischen Campagna, in der Provence ... Anfangs des 16. Jahrhunderts sagte Guicciardini: »Italien wird bis auf seine Berggipfel hinauf bebaut.« Aber nicht immer und gleichermaßen bis in seine Täler und Ebenen hinab.

Die herkömmlichen Gesellschaftsformen

Im Hügel- und Bergland also finden sich die Bilder der Vergangenheit am besten bewahrt, die Werkzeuge und Arbeitsformen, die Dialekte, die Kleidung, die Bestände des Aberglaubens, kurz, das Gewachsene, Gewordene, das dort fortbesteht, wo die neuen Arbeits- und Lebenstechniken ihm nichts anhaben konnten. Das Gebirge ist für die Vergangenheit der Konservator schlechthin.

Die Kabylen in Nordafrika pflegen wie alle anderen berbersprachigen Bergstämme eine höchst lebendige Folklore, die in dem Buch von Jean Servier *Les Portes de l'année* (1962) eindrücklich geschildert ist, so ihre Neujahrsriten, das »Ennayer«-(Januar-)Fest, das zum Zwecke hat, das Jahr unter glücklichen Auspizien beginnen zu lassen, ein Maskenfest mit üppigen Opfermahlzeiten und dem Auskehren der Häuser, so die Frühlingsriten und, am 7. Juli, die Feuer der »Ainsara«, die nicht nur in der Kabylei, sondern nahezu in ganz Nordafrika entzündet werden. Die Legende von einer blutschänderischen jüdischen Königin, die für ihre Sünden auf dem Scheiterhaufen verbrannt wurde, dient als Erklärung für diesen Ritus. Doch gibt er nicht auch – es werden dabei Ruten aus harzigen Doldengewächsen, Oleander- und Sanddornsträucher verbrannt – Gelegenheit, die Obstgärten und Stallungen von Ungeziefer zu befreien, »eine magische Läuterung, aber auch eine bäuerliche Methode, um Schädlinge zu bekämpfen«? Eine Vernunftlösung, gebieterisch, vorsorglich. Ein Ansporn zur Arbeit.

In den Bergregionen des Mittelmeerraums, in Italien, Spanien, in der Provence, in Griechenland, begeht man noch heute vielerlei Feste, in denen die tägliche Arbeit mit christlichen und Resten heidnischer Glaubensvorstellungen vermischt wird. Doch für diese archaische Lebenswelt ist die Landschaft selbst ein ebenso beredter Zeuge wie die Folklore. Eine spröde Landschaft, ganz von Menschenhand erschaffen: terrassenförmige Anbauflächen, und dann die Mäuerchen, die immer wieder neu errichtet, die Steine, die mit Eseln oder Mauleseln hinaufgeschleppt werden müssen, bevor sie zueinander gefügt und befestigt werden können, und die Erde, die in Körben über die Hänge transportiert und hinter dem Wall terrassiert wird. Hinzu kommt, daß über diese schroffen Gefälle kein Gespann sich bewegen, kein Karren gezogen werden kann; die Oliven werden von Hand geerntet, der Wein von Hand gelesen, und dann werden die Früchte auf dem Rücken der Männer eingebracht.

All das hat zur Folge, daß dieser Ackerboden heute nach und nach aufgegeben wird. Zuviel Mühe, zuwenig Gewinn. Selbst das berühmte toskanische Hügelland verliert allmählich seine typischen Züge; die Mäuerchen zerbröckeln; die Ölbäume, manche über hundert Jahre alt, sterben einer nach dem andern ab; kein Korn wird mehr ausgesät; auf den seit Jahrhunderten bestellten Hängen beginnt wieder Gras zu wachsen und Viehzucht hält Einzug, oder die Ödnis.

Vor unseren Augen verschwindet eine archaische Existenzweise, ein herkömmliches, hartes, schweres Dasein. Schwierig schon früher. Mal für Mal schwärmten die Geschlechter wie von einem Bienenstock aus dem regelmäßig übervölkerten Gebirge aus, wo sich der Mensch, zumal die Naturbedingungen hier der Gesundheit zuträglicher sind als anderswo, kräftig vermehrte. Die Leute aus dem Friaul, die Furlani, zogen nach Venedig, um dort niederen Tätigkeiten nachzugehen. Die Albaner verschmähten keinen Herrn und stellten sich vor allem in den Dienst des Türken. Die Bergamasken, über die jedermann sich lustig zu machen pflegte, wanderten durch ganz Italien auf der Suche nach Arbeit und Verdienst. Von den Pyrenäen drängten die Leute nach Spanien und in die Städte Portugals. Die Korsen wurden Söldner Frankreichs oder Genuas, der verhaßten Vorherrscherin; aber sie waren auch in Algier anzutreffen, Seeleute oder Bergler, Capocorsini oder Sträflinge. Als im Juli 1562 Sampiero Corso dort erschien, jubelten ihm Tausende »als ihrem König« zu. Kurz und gut, das Hochland insgesamt lieferte zuhauf die Söldner, Bediensteten, Hausierer, Wandergesellen – Scherenschleifer, Schornsteinfeger, Stuhlflechter –, Taglöhner, Ernte- und Weinlese-Helfer, sobald es in den begüterten Landstrichen an ihnen mangelte. Und stellen nicht heute noch Korsika, Albanien, gewisse Teile der Alpen oder des Apennin für die Städte, für das reiche Tiefland jene Arbeitskräfte, die sich für geringen Lohn der Plackerei verdingen?

Freilich geht das Abenteuer gelegentlich auch anders, besser aus, und die Auswanderer werden zu Kaufleuten. So war es jedenfalls – ein seltsamer, aufsehenerregender Fall – mit den Armeniern, die zu Lieblingshändlern des Schahs von Persien avancierten, sich von Isfahan aus in Indien, in der Türkei und an der Moskwa vorzüglich durchsetzten und im 17. Jahrhundert in Europa auf den großen Plätzen Venedigs, Marseilles, Leipzigs oder Amsterdams ihre Geschäfte anzettelten.

Ein Schauspiel, dessen Verschwinden wir gleichfalls beiwohnen, wenn auch erst seit kurzem, ist jene uralte halbnomadische Form der Weidewirtschaft, die Transhumance genannt wird und welche die Berggebiete mit den Ebenen und Städten im Tiefland verband, sie mit ihnen in Konflikt brachte und ihnen zugleich ein Auskommen sicherte.

Man muß sich die zwischen den Sommerweiden auf den Almen und dem Wintergras in den Tiefebenen umherziehenden Schaf- und Ziegenherden als richtiggehende Ströme von Vieh und Hirten vorstellen, von den Südalpen in die Crau, von den Abruzzen auf die Kalkhochfläche Apuliens, aus Nordkastilien südwärts auf das Weideland der Extremadura und der Mancha Don Quijotes.

Heute noch, obschon in bescheidenem Umfang, gibt es diese Herdenbewegungen. Lkw- und Schienentransport haben sie weitgehend verdrängt. Es ist ein seltenes Glück, in unseren Tagen einer dieser großen, tiefgestaffelten Schafherden zu begegnen. Und vermutlich wird es mit ihnen bald ganz zu Ende sein. Immerhin lassen sich ihre Wege leicht nachvollziehen, denn noch immer fallen in mancher Region die Herdenpfade als breite Narben auf, unauslöschlich, jedenfalls kaum zu verwischen, Falten gleichsam, wie sie das Gesicht eines alten Menschen prägen. Bis zu fünfzehn Meter breit, tragen sie in jeder Gegend einen besonderen Namen: »cañadas« in Kastilien, »camis ramaders« in den östlichen Pyrenäen, »drailles« im Languedoc, »carraïres« in der Provence, »tratturi« in Italien, »trazzere« in Sizilien, »drumul oilor« in Rumänien …

Wo immer man sie rückblickend betrachtet, entpuppt sich die Transhumance als Endstufe einer langen Entwicklung, vermutlich als Ergebnis einer frühen Arbeitsteilung. Bestimmte Männer, und nur sie mit ihren Gehilfen und Hunden, hüteten die Herden, zogen mit ihnen abwechselnd auf die oberen, dann wieder auf die tiefergelegenen Weideplätze. Darin lag ein natürlicher, unbedingter Zweck: das Weideland auf den verschiedenen Höhenstufen in beständigem Wechsel abzugrasen. In einigen Gegenden Brasiliens wanderten halbwilde Herden noch vor kurzem zwischen Tief- und Hochland, so beispielsweise rund um den Itatiaya, den höchsten Punkt des Landes. In Italien, Südfrankreich und auf der Iberischen Halbinsel – den für die Transhumance überaus typischen Gebieten – war die Spezialisierung der Schäfer dafür die Voraussetzung und geradezu das Merkmal.

So bildet sich ein Menschenschlag, dessen Mitglieder außerhalb der allgemeingültigen Regeln stehen, ja nahezu Gesetzlose sind. Während sie unten im Tiefland vorbeiziehen, werden sie von den ihnen feindlich gesonnenen Bauern und Obstbauern beargwöhnt. Für sie und für die städtische Bevölkerung sind sie Barbaren, Tröpfe. Am Ende ihrer Wanderschaft warten die Besitzenden, durchtriebene Geschäftemacher auf sie, um sie hereinzulegen oder zu übertölpeln. Und sollte sich etwa ein hübsches junges Mädchen in einen von ihnen verlieben, ist der Skandal perfekt. »Nenna, Liebste«, so heißt es in dem grausamen Lied, »dein Schäfer ist ein übler Bursche, er stinkt aus dem Mund, weiß nicht einmal, mit Messer und Gabel zu essen. Nenna mia, überleg's dir noch mal, nimm lieber einen Bauern zum Mann, wie es sich gehört.« Das Lied wird übrigens noch heute in Italien gesungen.

Dieses ganze Hin und Her von Menschen und Tieren ist in der Wirklichkeit komplizierter, als es auf den ersten Blick erscheint. So gilt es zunächst zu unterscheiden zwischen »normaler« und »umgekehrter« Transhumance: im ersten Fall kommen die Eigentümer aus dem Unterland, im zweiten wohnen sie in den Bergen. Diese Verhältnisse sind entweder das Ergebnis historischer Zufälle oder langer Entwicklungen. So sind es Bürger aus Arles, denen die Herden gehören, welche jeweils im Winter aus den Alpen kommen, um die mageren Weiden der Crau abzugrasen. Desgleichen bestimmen Leute aus Vicenza über das Hirtenleben und die Herden, die sich, sobald der Sommer anbricht, vom Tiefland in die Alpen verziehen. Natürlich gibt es Mischformen zwischen normaler und umgekehrter Transhumance, und um alles noch vertrackter zu machen, greift oft der Staat ein. Er bemächtigt sich unter dem Vorwand, es zu kontrollieren, nur zu gern des ganzen Geschäfts, erhebt auf den Schafpfaden Wegegelder, eignet sich das tiefliegende Weideland an und verpachtet es, reglementiert den Woll- und Tierhandel. Die Behörden Kastiliens organisierten so die gesamte Schafzucht in der Meseta, wodurch im Schutze teils mißbräuchlicher Vorrechte und zum Nutzen hauptsächlich einiger Großgrundbesitzer die Hochebenen und Berge Kastiliens ausgelaugt wurden. Auch der König von Neapel verpfuschte die gewaltige Transhumance, die aus den Abruzzen auf die Tavogliere Apuliens strömte, und setzte in autoritärer Manier das exklusive Primat für den Markt von Foggia durch, wo die Wolle unter Zwang verkauft werden mußte. Zumindest auf dem Papier hatte er alles zu seinem Vorteil angelegt, aber gegebenenfalls wußten sich Eigentümer und Schäfer durchaus zu wehren.

Die Transhumance ist jedoch nur für die eine Hälfte des Mittelmeerraums kennzeichnend, zweifellos die bevölkerungsreichere, auch höher entwickelte, jene, wo die Arbeitsteilung unangefochten sich durchgesetzt hat. Aber soweit das an sich auch logisch ist, es gibt noch nicht genügend Aufschluß. Denn die Geschichte hat gleichfalls ihre Rolle gespielt. Zweimal mindestens prallten die beiden Kulturkreise aufeinander, war diese Mittelmeerhälfte einem gewaltigen Ansturm der Wüstenbewohner zunächst aus dem heißen Arabien ausgesetzt, sodann jener aus dem kalten Asien. Erst die Invasion der Araber, danach die der Türken, und beide Jahrhunderte während, jene im 7. Jahrhundert anhebend, diese im 11., und die eine wie die andere hinterließen jenen »klaffenden Einschnitt«, von dem Xavier de Planhol spricht.

Gewaltige Ereignisse, die bewirkten, daß sich das Nomadenleben auf der Balkanhalbinsel, in Kleinasien, selbstverständlich in der mittelmeerischen Sahara und schließlich in ganz Nordafrika halten und fortentwickeln konnte. Die Vorstöße der Wüstenbewohner machten in Kleinasien und sogar auf dem Balkan (wo das Pferd König ist) das Kamel heimisch, ein aus kalten Landstrichen stammendes, berggängiges Tier, während sich von Syrien bis Marokko das kälteempfindliche Dromedar eingewöhnte, das im 1. Jahrhundert v. Chr. von Arabien herkommend im Mittelmeergebiet auftauchte und das sich im Sand wohlfühlt, nicht an steinigen, kalten Berghängen.

Um sich vom Nomadendasein ein Bild zu machen, lohnt es sich, die Bücher Emile-Félix Gautiers wiederzulesen. Es gibt nichts Lehrreicheres. Auch das Nomadentum verliert heute an Bedeutung, wenn es nicht geradezu erlischt; zweifellos ist es ein Stadium, das der Transhumance voraufgeht, denn diese, wir haben es schon gesagt, ist ein Kompromiß zwischen dem unumgänglichen Umherziehen der Herden und der Seßhaftigkeit, wie sie Bauerndörfer und Städte kennzeichnet. Im anderen, orientalischen Mittelmeerkreis, wo die seßhafte Bevölkerung weniger dicht war, stießen die Hirten auf den weiten Strecken, die sie zurücklegten, meist nur auf geringfügige Hindernisse. Das Nomadenleben mußte keinen Ausgleich finden und brauchte sich folglich auch nicht zu verändern.

Das Nomadendasein ist etwas Umfassendes: Herden, Männer, Frauen und Kinder wandern gemeinsam über ungeheure Entfernungen, und dabei führen sie alle Dinge des täglichen Gebrauchs mit sich. Tausende Schilderungen, alte und neue, die wir Reisenden und Geographen verdanken, führen uns ihre Lebensweise vor Augen. In Nordafrika pflegen die Kamelzüge die Bergmassive zu umgehen, in denen die seßhaften Berber hausen, und die Nomaden – vorwiegend Araber – ziehen durch die natürlichen Tore, auf welche ihre Pfade zulaufen, nordwärts meist, nach Tunesien oder Oran. Auf der Suche nach Weideland wanderten die Nomaden mit ihren Schafherden, ihren Pferden, Dromedaren und schwarzen Zelten, die sie aufschlagen, wo immer sie Rast halten, einst vom Rand der Wüste im tiefsten Süden bis hinauf ans Mittelmeer. Diego Suárez, der Militärchronist der Festung von Oran (das 1509 von den Spaniern besetzt wurde), sieht sie Ende des 16. Jahrhunderts die Ebenen um den »Presidio« durchqueren und zum Meer vordringen, wo sie sich für eine Weile niederlassen und sogar Pflanzen anzubauen beginnen. Ja, er berichtet, daß er sie eines Tages wie verrückt gegen die Reihen der spanischen Scharfschützen anstürmen sah. Jeden Sommer, beinahe auf den Tag genau, tauchen sie erneut auf. Auch 1270, als Ludwig der Heilige sein Lager bei Karthago aufschlägt, Tunis gegenüber, sind sie da und tragen zur Niederlage des heiligen Königs bei. Im August 1574, als die Türken La Goulette und die Festung von Tunis von den Spaniern zurückerobern, sind die Nomaden aus dem Süden wieder zur Stelle, um den Angreifern gegen die christlichen Festungen beizustehen, indem sie die Faschinen des Schanzwerks wegräumen; der Sieg, an dem sie beteiligt sind, kam nicht zuletzt dank ihrer Hilfe zustande. Durch den Zufall der Ereignisse treten so über Jahrhunderte hinweg auffällige Wiederholungen ans Licht. Unlängst erst, 1940, wurden die Nomaden in Nordafrika um Beistand gebeten, als es darum ging, Transportmittel zu beschaffen. Wieder sah man sie die Straßen entlangziehen, die die ehemaligen Pfade ersetzt haben, große korngefüllte Säcke beidseitig auf die Traggestelle der Kamele gepackt. Ihretwegen brach sogar unter der einheimischen und europäischen Bevölkerung im Norden kurz eine Typhusepidemie aus.

Wiederum also, wie so oft, zwei Mittelmeerhälften: unsere und die der anderen; die Transhumance in der einen, das Nomadentum in der anderen.

Lebensgleichgewichte

Alles Leben strebt nach Gleichgewicht, muß eines finden oder es geht unter. Für einen Überblick, eine Bilanz des mediterranen Lebens ist es sicher noch zu früh, da wir die Einflüsse des Meeres noch gar nicht in Erwägung gezogen haben. Dennoch drängen sich einige Feststellungen zu den Formen des Land- und Hirtenlebens auf, auch zu den verschiedenen Gegenden, und es ist daran nichts Außergewöhnliches oder sonderlich Überraschendes.

Das Leben, das wir betrachten wollen, ist karg, schwierig, und sein Gleichgewicht schlägt letztlich regelmäßig gegen den Menschen aus, indem es ihn zur Mäßigkeit verdammt. Für ein paar Stunden oder Tage Schwelgerei (wenn überhaupt) wird er jahrelang, ein Leben lang auf knappe Ration gesetzt. Der Historiker oder der Reisende sollte sich nicht von den Monumenten der Urbanität blenden lassen, von den wundervollen alten Städten. Hier wurden von Anbeginn die Reichtümer angehäuft, und eben deshalb sind die Städte Ausnahmen, sind sie privilegiert. Um so mehr, als vor der Industriellen Revolution 80 bis 90 Prozent der Bevölkerung auf dem Lande wohnten.

Im großen und ganzen findet das mediterrane Leben sein Gleichgewicht in der Dreiheit: Ölbaum, Wein und Getreide. »Eine Menge Knochen«, sagt scherzhaft Pierre Gourou, »und nicht viel Fleisch.« Einzig die vom 15. Jahrhundert an in den christlichen Ländern an Bedeutung gewinnende Schweinezucht und die Verbreitung der Fleischkonservierung (»carne salata«), vermochten Linderung zu bringen, jedenfalls in der einen Mittelmeerhälfte, nicht jedoch in der anderen, die freiwillig sowohl auf Schweinefleisch als auch auf Wein verzichtet. In solchen Ernährungsfragen hat der Islam keine geringe Verantwortung auf sich genommen. Man darf außerdem nicht vergessen, daß die muselmanische Küche den Meeresfrüchten keinen Vorzugsplatz einräumt.

Von den drei Hauptanbaupflanzen waren Öl und Wein (die auch exportiert werden) die entscheidenden Ressourcen. Nur das Getreide gibt Probleme auf. Und dann das Brot selbst sowie der Brotverbrauch. Aus welchem Mehl soll es gebacken werden? Wie hell oder dunkel soll es sein? Und welches Gewicht soll es haben, da es ja überall zu einem Festpreis verkauft wird, sein Gewicht aber schwankt? Getreide und Brot, das sind die ewigen

Kummerquellen der Mittelmeerwelt, die entscheidenden Figuren in ihrer Geschichte, und die Mächtigen und Gebildeten beschäftigen sich unaufhörlich damit. Wie wird die Ernte ausfallen? Das ist die Frage, die jahrein jahraus in allen Korrespondenzen gestellt wird, selbst in den diplomatischen. Fällt sie schlecht aus, wird darunter das Land ebenso, ja sogar mehr als die Städte zu leiden haben, und die Armen selbstverständlich viel mehr als die Reichen. Diese besitzen ja eigene Speicher, in denen sich die Kornsäcke stapeln. Bis ins 16. Jahrhundert hinein mahlen die großen Häuser ihr eigenes Korn, kneten ihren eigenen Teig, bakken ihr eigenes Brot, in Genua ebenso wie in Venedig. Auch die großen Städte häufen Vorräte an, und wird das Korn einmal knapp oder droht gar eine Hungersnot, rüsten die ortsansässigen Händler auf Betreiben der Stadtregierung Schiffe aus, erkunden die Märkte und lassen Getreide vom Schwarzen Meer, aus Ägypten, Thessalien, Sardinien, aus dem Languedoc, sogar aus Aragon und Andalusien in die Stadt holen. Es sind die von einem guten Ertragsjahr profitierenden oder kaum bevölkerten Landstriche – einmal dieser, dann wieder jener, so wie es sich eben fügt –, die jährlich etwa eine Million Doppelzentner Getreide übers Meer befördern, so daß sich für Venedig, Neapel, Rom, Florenz oder Genua – die Städte, die gewöhnlich die Abnehmer für dieses »Überseegetreide« sind – jeweils eine Zwischenlösung findet.

Das Ergebnis ist nicht überraschend: die Stadt übersteht Notzeiten und selbst schwersten Mangel. Es sind die Landbewohner, die in den Krisenjahren ins Elend geraten. Ausgemergelt, Almosen erflehend kommen sie in die Städte, vergeblich, sterben in Venedig unter den Brücken oder auf den Kais, in den Kanälen. Im Schlagschatten der Hungersnöte brechen Seuchen aus, Malaria und Pest, die im Mittelmeerraum die Geißel Gottes sind.

Das ist der rote Faden des mediterranen Lebens. Freilich gibt es die Gelage und die Prasserei, die die Weisen des 16. Jahrhunderts als empörend empfinden und denen umsichtige Stadtregierungen vorzubeugen suchen, vergebens allerdings (etwa in Venedig), doch nur eine winzige Minderheit ist an den Ausschweifungen beteiligt. Und selbst die bäuerlichen Festgelage, jene großartigen Schlemmereien, welche überall auf der Welt in ländlichen Regionen von Zeit zu Zeit den bedrückenden Alltag vergessen lassen, sind in Italien keineswegs vergleichbar mit denjenigen in Deutschland oder in Holland zum Beispiel. Das ist eine unzweifelhafte Tatsache, und sie gilt in Wahrheit für den ganzen Verlauf der Mittelmeergeschichte, die – es sei nochmals betont – unter dem Zeichen der Mäßigkeit, das heißt der Selbstbescheidung steht. Epikur (341–270 v. Chr.), der lehrte, die Zweckbestimmung des Menschen sei der Genuß, bat einen seiner Freunde um einen Topf Käse, »damit ich, sooft es mich ankommt, schlemmen und schwelgen kann«. Und Jahrhunderte später, als Bandello (1485–1561) seine *Novelle* schreibt, begnügt sich ein bergameskischer Wanderer, ein Armer wie alle anderen, der sich ein besonders üppiges Mahl gönnen will, mit einer Bologneser Wurst. Und wenn er sich verheiratet, so meint boshaft der Erzähler, wird er sich wohl für eines jener Mädchen entscheiden, die hinter dem Mailänder Dom für einen Groschen der schnellen Liebe dienen.

Heute noch nimmt ein Arbeiter in Neapel oder in Palermo zur Mittagszeit, wenn er im Schatten eines Baums oder einer Mauer rastet, nichts weiter als ein »companatico« ein, das mit Öl eingestrichene und mit Zwiebeln oder Tomaten gewürzte Stück Brot; dazu ein wenig Wein. Auch hier begegnen wir ihr also, der mediterranen Dreieinigkeit: dem Öl des Ölbaums, dem Brot aus dem Korn, dem Wein von den nahegelegenen Weinbergen. Soviel sehr wohl, aber kaum viel mehr.

So wäre denn der sehr früh hervortretende und lang währende Reichtum, der Luxus, wie man ihn im Mittelmeerraum aus den alten Zeiten kennt, nichts als Schein? Wie kommt es zu solchem Luxus, wenn daneben so viel Bedrängnis, gar Elend herrscht? Die Benachteiligung der einen kann, für sich allein betrachtet, den Prunk der anderen nicht plausibel machen. Aus dem Fleiß einer durchaus genügsamen Bevölkerung, die noch und noch tat, was zu tun war, läßt sich das Schicksal des Mittelmeerraums nicht hinlänglich erklären. Die Vergnügung am Genuß ist auch ein Geschenk der Geschichte, das ihm schließlich entzogen wurde. Und dafür suchen die Historiker nun schon seit Jahren eine hinreichende Begründung.

Fernand Braudel

Das Meer

Das Meer. Man sollte es sich so vorstellen, wie die Alten es getan haben, es mit ihren Augen zu sehen versuchen: als eine Begrenzung, eine bis zum Horizont reichende Schranke, als immerzu und überall gegenwärtige, wundersame, rätselhafte Unermeßlichkeit. Bis zu den ersten, inzwischen schon wieder lächerlich erscheinenden Geschwindigkeitsrekorden der Dampfschiffahrt – im Februar 1852 in neun Tagen von Marseille nach Piräus – ist das Meer so grenzenlos gewesen, wie es einem alten Seefahrer, der mit seinen Segeln den Launen des Windes ausgeliefert war, erscheinen mußte und der von Gibraltar nach Istanbul zwei Monate unterwegs war und von Marseille nach Algier mindestens eine, wenn nicht zwei Wochen.

Inzwischen ist das Meer geschrumpft, jeden Tag ein wenig mehr, eingegangen wie Chagrinleder. Heutzutage überquert ein Flugzeug es in nord-südlicher Richtung in einer knappen Stunde, von Tunis nach Palermo in dreißig Minuten – kaum sind Sie gestartet, sehen Sie schon den weißen Saum der Salinen von Trapani unter sich, fliegen Sie von Zypern ab, dehnt sich unter Ihnen eine schwarze und violette Masse, Minuten später erblicken Sie Rhodos, dann die Ägäis, die Kykladen, deren Farbe in der Mittagshelle ins Orange spielt: Sie haben nicht Zeit gehabt, sie einzeln zu erkennen, schon landen Sie in Athen.

Von dieser Sicht, die aus dem Mittelmeer heute einen See macht, muß sich der Historiker zu lösen versuchen. Man darf, da es sich um Flächen handelt, nicht außer acht lassen, daß das Mittelmeer des Augustus oder des Antonius, ebenso jenes der Kreuzfahrer und selbst das der Flotten Philipps II. um ein Hundert- und Tausendfaches größer erschien, als es uns unsere heutigen Luft- oder Seereisen zeigen. Vom geschichtlichen Mittelmeer sprechen heißt also, ihm seine wirklichen Ausmaße wiedergeben, sich ein Bild von seiner gewaltigen Ausdehnung machen. Damals war es ein Universum für sich, ein Planet.

Ein mäßiger Nahrungslieferant

Das Mittelmeer hat wohl einen gewissen Anteil an der Ernährung des Landes, aber es sorgt im Alltag nicht für Überfluß. Zweifellos trug die Fischerei schon in prähistorischer Zeit überall in der Alten Welt, seit Menschen an ihren Meeresgestaden leben, mit ihren »frutti di mare« zum Nahrungskreislauf bei; sie ist ein Gewerbe, seit die Welt Welt ist. Aber das Mittelmeer ist nicht sonderlich fischreich. Seine Fischbestände lassen sich weder mit denen der Doggerbank in der Nordsee vergleichen, noch gar mit jenen der sagenhaften Fanggebiete Neufundlands, Nordjapans oder an der atlantischen Küste Mauretaniens.

Das Mittelmeer leidet in der Tat an biologischen Mangelerscheinungen. An den Küsten steil abfallend, ist es zu tief, es fehlen ihm jene knapp unter dem Meeresspiegel liegenden Platten, die für eine massenhafte Vermehrung der Unterwasserfauna unerläßlich sind. Auch ist das Mittelmeer, weil es so alt ist, in seinen Ressourcen gleichsam verbraucht und daher nicht reich an Plankton, jenen mikroskopisch kleinen Tieren und Pflanzen, die an der Meeresoberfläche treiben und die Ernährungsgrundlage der Arten bilden. Es ist, über die Jahrtausende hin gesehen, der Überrest eines immensen Meeresgürtels, der im Mesozoikum von den Antillen, den Parallelkreisen entlang, beinahe rund um die Welt reichte – so lautet die Thetik der Geologen. Das Mittelmeer, so wie wir es nun kennen, ist davon eine geringfügige Hinterlassenschaft. Deshalb ist nicht auszuschließen, daß seine biologische Armut der Preis für diese sagenhafte Langlebigkeit ist, zumal es sich durch die Meerenge von Gibraltar nur ungenügend mit ozeanischem Wasser erneuern kann.

Jedenfalls ist die Dürftigkeit der Mittelmeerfauna offensichtlich. Von einigen wenigen Ausnahmen abgesehen, bietet das Mittelmeer nie jene spektakulären Szenen, wie man sie am Atlantik beobachtet, wenn die Fangschiffe mit ihren prallgefüllten Netzen anlegen, um ihre fette Beute zu entladen. Daher fahren die Schiffe aus den Mittelmeerhäfen häufig über Gibraltar hinaus in die Fanggründe des offenen Ozeans, die ansehnlichen Ertrag versprechen.

Wohl sind die Fischarten im Mittelmeer in üblicher Vielfalt vertreten, aber nicht in erheblichen Mengen. Und obgleich die Fänge nicht reichlich sind, drohen sie das Meer zu erschöpfen, so daß, sagt ein Fachmann, Nino Caffiero, »es eines Tages unumgänglich sein wird, die Fischerei zu verbieten und das Meer in einen zoologischen Schutzpark zu verwandeln, um so die Arten zu retten und zu erhalten zu versuchen«. Das ist nicht das Blaue vom Himmel heruntergeredet. Einst wurde der Schwertfisch, ein fünf Meter langes Tier mit segelartiger Rückenflosse und einer sehr langen, schwertförmig sich fortsetzenden Nase (daher sein Name »Xiphias Gladius«, der Schwert-Fisch) in der Straße von Messina mit der Harpune gejagt, ein überaus pittoreskes Treiben, das schon in der Antike mit eigenartigen Schiffen veranstaltet wurde, auf denen auf einem vorspringenden Steg ein Späher Ausschau hielt. Der Schwertfisch ist freilich schwer aufzuspüren; er hält sich fast immer in der Tiefe auf und erscheint nur einmal im Jahr, zur Laichzeit, an der Oberfläche. Nun haben aber jüngst japanische Fischer begonnen, ihn das ganze Jahr über auch in der Tiefe zu jagen. So ist frischer Schwertfisch heute zu jeder Jahreszeit auf dem Markt erhältlich, und die Gefahr wächst, daß er bald ausstirbt.

Heute, da die Anrainerstaaten sich ernsthaft um den Schutz des Mittelmeers vor Verschmutzung und drohender Zerstörung zu bekümmern anfangen, scheint das Projekt eines »Meeresparks« nicht länger utopisch. Selbstverständlich wären in diesem Park weder die Salzteiche noch die Schwammgewinnung vor der Küste Tunesiens verboten, auch nicht die Korallenfischerei in den Gewässern vor Sardinien und Nordafrika. Seit Jahrhunderten gefördert und auch heute noch in Werkstätten, namentlich in Torre del Greco, verarbeitet, waren Korallen ein begehrtes Handelsgut, das bis nach China und Schwarzafrika ausgeführt wurde. Und sie werden weiterhin in manchen Weltgegenden gehandelt. Spielen sie nicht heute noch in einigen Ländern Zentralafrikas eine wichtige Rolle als Zahlungsmittel?

Würde mittels Sondergenehmigungen die kleingewerbliche Fischerei, wie sie noch von allen Mittelmeerhäfen aus betrieben wird, erhalten bleiben? Selbstverständlich. Zu dieser elementaren, herkömmlichen und ziemlich schonenden Fischerei bedarf es eines Boots, zweier, allenfalls dreier Fischer, kaum je eines modern ausgerüsteten Schiffs. Der Fischer kennt die Gewässer vor seinem Hafen, so wie der Bauer das Ackerland seines Dorfes kennt. Er weiß, an welchen Stellen er mit Stockfischen, Doraden und Seezungen rechnen kann, oder mit Steinbutten, Rötlingen, Merlanen und Meeräschen, und ebenso weiß er, zu welcher Zeit Sardinen und Sardellen (die auch als Köder beim Thunfischfang dienen) vor der Küste anschwärmen. Er bewirtschaftet das Meer so wie ein Bauer sein Feld. Er entfernt sich nicht weit von seinem Heimathafen. Wenn er aufblickt, sieht er am Ufer sein Haus. Und außerhalb der Küstengewässer käme er ohnehin nur in weniger fischreiches Gebiet. Er ist ein Handwerker, der fischt, so wie man immer gefischt hat, mit Netzen, Reusen, Fischbehältern, vielleicht mit einem Köderlicht, »früher einer Pechfackel, heute mit einer Azetylen- oder batteriebetriebenen Lampe«, die nachts angezündet wird – die Lichtquelle ist nicht mehr die gleiche, wohl aber das Prinzip. Raubfischer an der griechischen Küste, zweifellos auch anderswo, verwenden trotz der Aufsicht der Küstenwache Sprengstoff: eine unlautere Methode, die aber ebenfalls Tradition hat. Einmal den gemächlichen Alltag eines Fischers zu teilen, dieses Vergnügen kann sich heute noch jeder gönnen, der weder die Sonne noch Brecher, noch das fortwährende Schwanken des Schiffes auf dem Meer scheut und der sich auch nicht erschrecken läßt, wenn ihm beim Öffnen des Fischbehälters eine Moräne entgegenschnellt, deren Fang nicht eingeplant war.

Aber dieser kleingewerbliche Fischer lebt und arbeitet nicht nur auf seinem Kahn mit seinen Angeln und Netzen. Er ist überdies ein sachkundiger Landwirt, der bedachtsam seinen Garten und seinen Acker bestellt. Er übt also einen Doppelberuf aus. Könnte er sonst überhaupt seine Familie durchbringen? Er muß gleichzeitig aus dem Boden und aus dem Wasser seinen Nutzen ziehen. Auf staatliche Weisung in Städte umgesiedelt, gelingt es griechischen Fischern heute ohne den Zuschuß des heimatlichen Ackers nicht, ein Auskommen zu finden. Und man erinnere sich an die etwa zehn bretonischen Fischerfamilien, die die französische Regierung 1872 vergeblich auf der Landzunge Sidi Ferruch direkt vor Algier ansässig zu machen versuchte. Sie liefen weg. Die korsischen Fischer, die ungefähr zur gleichen Zeit in Herbillon in der Gegend von Bône zwangsangesiedelt wurden, blieben dort, »wurden aber zu Landwirten, und das Dorf verwandelte sich in ein blühendes Gemüseanbau-Zentrum«.

Jedenfalls vermag die Mittelmeerfischerei, auf welche Weise sie auch ausgeübt wird, die Märkte niemals zu füllen, mögen diese noch so pittoresk erscheinen. Die »orata ai ferri« oder »in cartoccio«, die Dorade grillée oder en papillote, die man in einem venezianischen Restaurant bestellt, mögen in der Lagune oder, seltener, in der Adria gefangen worden sein; aber die Seezunge oder die Languste stammen in aller Regel aus dem Atlantik. Noch kann der Feinschmecker Felsrötlinge von der dalmatinischen Küste und rosa Crevetten aus Algier genießen. Doch für die Einheimischen ist das keine alltägliche Mahlzeit, auf ihrem Speisezettel steht unbestreitbar an erster Stelle der aus dem Norden importierte Kabeljau.

Es gibt gleichwohl einige fischreiche Gebiete. Die Fanggründe des Bosporus, auch eingangs des Sees von Biserta, jene in der Lagune von Comacchio sowie im unteren Teil des Etang de Berre, wo die »bourdigues« (Einfriedungen am Meeresufer) eine ansehnliche Menge Äschen und Aale zu fangen erlauben, passen schlecht zu unserer ernüchternden Beschreibung. Der Blick von der Brücke nach Galata hinab auf den Fischmarkt von Istanbul mit seiner farbenprächtigen Überfülle ist ein einmaliges Vergnügen. Doch hinterläßt er nicht gerade deshalb, weil er höchst selten ist, einen dauerhaften Eindruck?

Im Mittelmeer verdient einzig der Thunfischfang das Attribut reichlich, obwohl die Fangsaison kurz bemessen, nämlich auf drei oder vier Wochen im Jahr, und nur noch in einigen Gebieten überhaupt möglich ist. Im 16. Jahrhundert beispielsweise war er in der portugiesischen Algarve (die allerdings außerhalb des Binnenmeers liegt) viel bedeutender als heute, ebenso in Andalusien, wo die Bauern an der Küste von Anwerbern buchstäblich zusammengetrommelt wurden, oder an der Provenceküste. Ende des 16. Jahrhunderts preist ein Provenzale sein Land mit der Behauptung an: »Ich weiß sicher, daß früher im Hafen von Marseille an einem einzigen Tag bis zu achttausend Thunfische eingebracht wurden.« Heute gibt es vor Marseille nicht mehr Thunfische zu fangen als etwa Störe rhoneaufwärts.

Was die Thunfische betrifft, so ist die wissenschaftliche Erklärung ziemlich gesichert, seit die von Dr. Charcot geleitete Forschungsreise die Probleme erhellt hat. Die Thunfische kommen nicht, wie früher geglaubt, aus dem Atlantik. Sie leben verstreut in halbtiefen Zonen des Mittelmeers, bis zur Laichzeit im Mai/Juni. Dann suchen sie, um ihre Eier zu legen, die wärmsten und salzhaltigen Gewässer auf, und eben dort lauern die Fischer auf sie. Nun begünstigt aber das Abholzen der küstennahen Wälder manchenorts den Zufluß von Süßwasser, und die heutigen Städte leiten riesige Mengen Abwässer ins Meer, so daß diese natürlichen Fanggründe, die auf ihrem ungewöhnlich hohen Salzgehalt beruhten, zerstört sind.

Heute sind es hauptsächlich die Gewässer zwischen Sardinien, Sizilien und Tunesien, in denen sich dieser jahreszeitlich bedingte Tropismus niederschlägt und die Thunfische des gesamten Mittelmeers zusammenschwärmen läßt. Die Treibnetze, die »tonnara«, sinken, von zwei Reihen Schiffen gehalten, bis auf den Meeresgrund. Sie bilden eine Art Korridor, durch den die Fische in jene Reusen geleitet werden, die man als Todeskammern bezeichnet. Denn jeder Fisch muß einzeln totgeschlagen werden, und das Töten ist wohl eher ein Gemetzel. Danach werden die riesigen Tiere aus dem blutroten Wasser gehißt, »Ochsen gleich, von derselben Größe, und wie diese an Haken gehängt, werden sie mit Winden emporgehoben«.

Der Thunfischfang ist ein »Gewerbe«, das hier schon lange betrieben wird. Sagt man nicht, die Phönizier seien seine Erfinder gewesen? Auch die Griechen kennen es. Äschylos fällt, als er die Schlacht von Salamis schildert, das Bild des vollen Thunfischnetzes ein: »Das Meer ist unter einem Haufen blutiger Körper verschwunden, die Griechen schlagen auf die Perser ein wie auf im Netz gefangene Thunfische, brechen ihnen mit Ruderstücken und Wrackteilen das Kreuz.« Die Fangmethoden, sagt man, seien von den Arabern aufs vollkommenste ausgebildet worden. Jedenfalls stammt das gebräuchliche Vokabular von ihnen: die französische »madrague« ist die arabische »almazraba«, das Thunfischnetz; der Gesang, mit dem das Einholen des Fangs begleitet wird, die »chaloma«, ist der Gruß »salam«, und der Leiter der Fangflotte wird »rais« genannt, mit dem Namen, der im Islam einen Kapitän zur See bezeichnet.

Der Thunfischfang ist ein Großunternehmen geblieben, an dem sich manchenorts die ganze Bevölkerung beteiligt, und die Fänge sind auch jetzt noch eindrücklich. Aber die Ausnahme bestätigt die Regel: insgesamt erwirtschaftet die Fischerei im Mittelmeer nur ein Drittel dessen, was allein Norwegen aus seinen Gewässern erntet.

Freilich, das Meer ist noch etwas anderes als ein Nahrungsreservoir; es ist auch, und zur Hauptsache, eine »Transportfläche«, eine nützliche, geradezu vollkommene Ebene. Schiffe, Seestraßen, Häfen, wie sie früh schon ausgerüstet wurden, sowie Handelsstädte sind Werkzeuge im Dienst der Staaten und Stadtstaaten – ihres wirtschaftlichen Austauschs und demzufolge auch ihres Wohlstands.

Natürlich war das Meer, bevor es Verbindung wurde, lange Zeit ein Hindernis. Eine Seefahrt, die dieses Namens würdig ist, gab es kaum vor der zweiten Hälfte des 3. Jahrtausends, als Ägypter per Schiff nach Byblos reisten, oder sogar erst im 2. Jahrtausend mit dem Aufkommen der Bootsverbindungen zwischen den Kykladen, dies auf Seglern, die zusätzlich mit Rudern, einem Sporn und vor allem einem Kiel ausgestattet waren, mit dem sie im Wasser einigermaßen stabilisiert wurden (im Gegensatz zu den flach gebauten Kähnen, die an der Küste zwischen Byblos und Ägypten entlangfuhren).

Lange Zeit blieb die Seefahrt von Vorsicht bestimmt, ein Unternehmen, das kaum jemals über einen schon bei der Ausfahrt in Sichtweite liegenden Punkt hinausführte. Man löste sich nicht vom Ufer, das der Leitfaden schlechthin war, und bei Nacht traute man sich nicht hinaus. Man fuhr von Strand zu Strand; ging der Tag zur Neige, wurde das Boot auf den Sand gezogen.

Küstenschiffahrt in diesem Stil, allmählich weiterentwickelt, vervollkommnet und erweitert, ist zunächst das Synonym für Seefahrt überhaupt. Schiffsverbände stellen Verbindungen sicher, die noch im 18. Jahrhundert dienlich sind, zum Beispiel von Neapel nach Genua, von Genua in die Provence, vom Languedoc nach Barcelona, usw. Die kleinen griechischen Dampfer, die heute zwischen den Inseln in der Ägäis verkehren, sprechen auf ihre Art von diesen weit zurückliegenden Zeiten, als die ersten Kurzstrecken-Reisen gewagt wurden. Da das Mittelmeer ein Komplex von Meeresarmen ist, aufgefächert in Bekken oder eigenständige Flächen, deren Horizont begrenzt ist, eignet es sich vorzüglich für diese häusliche Seefahrt. Vernünftigen Seeleuten, also den meisten von ihnen, stellte sich gar nicht erst die Frage, ob sie das ihnen vertraute Meer und seine Routen verlassen sollten, ihr eigenes »Mittelmeer«, dessen Windungen und Strömungen, dessen Küstenlineaturen und Zufluchtswinkel mitsamt den Regelmäßigkeiten und Unberechenbarkeiten seiner Winde sie kannten. Ein griechisches Sprichwort lautet: »Wer über Kap Maläas hinausfährt, läßt seine Heimat hinter sich.« Kap Maläas, das ist das Tor zum Westen, ganz im Süden des Peloponnes, der letzte Bezugspunkt vor den grenzenlosen Räumen im Westen.

Zwar geben sich die Seeleute auch deshalb mit diesem begrenzten Reich zufrieden, weil es den Anforderungen des Handels genügt. Aber hinzu kommt, daß die See abschreckend wirkt, daß sie voller Gefahren und Überraschungen steckt und selbst auf den vertrauten Routen oft tückisch ist. Die religiösen Zeremonien, die in manchen Mittelmeerhäfen bis heute erhalten blieben, sind ewig wiederholte Zauberformeln gegen die Launen der Stürme und Orkane. Und aus den Votivtafeln der aus Seenot geretteten Schiffer spricht die tiefe Furcht der Männer, die sich den Listen der See nie leichten Herzens ausliefern. Der Jungfrau Maria (»Maris Stella«, Stern des Meeres) empfehlen die Seeleute im Abendland ihre Ladung und, insbesondere, Leib und Seele.

Sinnfällig wird diese Furcht im Herzen der Männer, wenn man sich vergegenwärtigt, wie lange sie Fahrten ins offene Meer widerstrebten. Erst nach und nach und ausnahmsweise, auf im voraus bekannten und mit einer gewissen Regelmäßigkeit befahrenen Strecken gewöhnten sie sich an das Wagnis. Und nur ganz wenige riskierten die Konfrontation mit dem Unbekannten.

Anscheinend waren es die Kreter, die als erste auf hoher See südwärts bis zum Nildelta gelangten. Als er in Ithaka gelandet war, wo er sich für einen kretischen Händler ausgegeben hat, erklärte Odysseus: »Es hatte mich angewandelt [...], eine Seefahrt zu unternehmen [...], um den Egyptos zu erreichen. Ich rüste neun Schiffe aus, und es strömen reichlich Leute herbei, um anzuheuern. Sechs Tage lang halten diese wackeren Männer bei mir Gelage [...]. Am siebten laufen wir aus, und von den Ebenen Kretas her treibt uns ein tüchtiger Boreas immer geradeaus, als wären wir von der Strömung eines Flusses erfaßt [...]. Wir brauchten nur dazusitzen und den Wind und die Steuermänner walten zu lassen. Nach fünf Tagen erreichten wir den schönen Strom Egyptos.« Offenbar hatten auch die Phönizier, die hervorragende Seefahrer waren, die Gewohnheit ausgebildet, von Kreta aus in gerader Linie nach Sizilien und auf die Balearen zu segeln. Viel später, zur hellenistischen Zeit, werden bei gutem Wind manche Schiffe in vier Tagen von Rhodos nach dem ägyptischen Alexandria gelangen.

Im 16. Jahrhundert vervielfachten sich die Fahrten auf offener See. Eilschiffe verkehrten zwischen den Balearen, Sardinien und Sizilien. Der Handel in der Levante, die Verbindung zwischen dem Binnenmeer und der Nordsee via Gibraltar (1297 nahmen genuesische Schiffe regelmäßig Kurs auf Brügge) ließen die Zahl der Seefahrten, die nicht der Küste entlang führten, rasch ansteigen, und mit ihnen wurde die Eroberung der Meeresgewässer vollendet. Aber selbst im 16. Jahrhundert ist jede weite Fahrt auf hoher See noch eine besondere Leistung, und nur was Nutzen bringt, ist diese Leistung wert. Der Kompaß wird zu dieser Zeit, obwohl er seit dem 12. Jahrhundert bekannt ist, keineswegs immer benutzt, aber nur, es sei nochmals betont, weil der Großteil der Seefahrten im Mittelmeer über kurze Strecken in Küstennähe sich abspielt. Man kauft seinen Speck in Toulon, sein Öl in Hyères, seinen Zwieback in Savona ein, legt in jedem Hafen an, wie es etwa die Verkaufsschiffe aus Marseille taten, findet hier einen Kunden, ist dort selber einer, und oft ruft der Kapitän persönlich seine Handelsware in den Straßen Livornos oder Genuas aus. Jean Giono und Gabriel Audisio stellen sich jeder auf seine Weise vor, daß die *Odyssee* so von einem Hafen zum nächsten, von einer Taverne zur anderen weitererzählt wurde, daß Odysseus unter den Seeleuten im Mittelmeer stets lebendig war, und daß die Schöpfung und die ewige Jugend der *Odyssee* einzig in dem Fabulieren, wie man es heute noch mit eigenen Ohren hören kann, begreifbar wird. Ich mag, wie ich gerne zugebe, diese poetischen und wahrscheinlich klingenden Mutmaßungen.

Neugier und Abenteuergeist, Gewinnsucht, ehrgeizige und maßlose Staatspolitik verhalfen endlich der Eroberung zum Erfolg und schlossen sie ab. Denn mit der Bildung von Staaten und kriegerischen Zivilisationen läuft die Weltgeschichte darauf hinaus, daß jeder das Meer befahren, es sich unterjochen und die Seewege in seine Gewalt bringen will, damit nicht der Feind sie sich zunutze machen kann. In ihrem Hegemoniebestreben sind Genua und Venedig überall auf dem Meer gegenwärtig. Christen und Mohammedaner machen es sich streitig. Wer vermöchte die Summe der Anstrengungen zu nennen, die diese militärischen Expeditionen, diese Aufgebote von Galeeren, »Rundschiffen«, Munition, Pferden und Männern kosteten, die alle eines Tages diesem Wagnis ausgesetzt wurden? Denn es sind gewagte Unternehmungen, der geringste Zwischenfall kann sie scheitern lassen. 1540, als Karl V. vor Algier steht, läßt die Dünung seine Schiffe zusammenstoßen, und so ergibt er sich lieber, als den Untergang zu riskieren. 1565 scheitern die Türken vor Malta, das von einer Handvoll Ritter verteidigt wird. Am 7. Oktober 1571 begegnen sich im Golf von Korinth etwa hunderttausend Männer zur Schlacht von Lepanto, damals eine phantastische Anzahl, die größte, die die Mittel (und Leidenschaften) der Zeit erlaubten.

Gegen die Unbill der Witterung anfahren

Kaum jemals zeigt das Mittelmeer sich ruhig und einladend zur Seefahrt. Es ist eines der Meere, für die kurze, heftige Stürme charakteristisch sind. Solange sein Spiegel blau, still, leuchtend, beinahe ölig glänzend ist, können selbst Kriegsschiffe, jene schmalen, niedrig auf dem Wasser liegenden und besonders windanfälligen Galeeren, gefahrlos auslaufen. Der Sommer, das ist die Hoch-Zeit der Kriege und Reisen. Drei sichere Häfen gibt es, sagte der alte Fürst Doria (1468–1560): »Karthago, Juni und Juli.«

Alles würde glatt verlaufen, wenn nur vor Anbruch der Schlechtwetterperiode – vor der Tag- und Nachtgleiche im Herbst – das Salz, die Wolle der letzten Schafschuren, der heurige Wein und das heurige Getreide sowie manch andere Güter rechtzeitig verfrachtet worden wären. Aber mag man sich auf den Dreschtennen und in den Keltereien noch so sehr beeilt haben, es sind doch nicht alle Lieferungen zur gewünschten Zeit über die See gegangen. Mit dem Herbst und Winter setzt das beharrliche Schlechtwetter ein. Galeeren und Frachtsegler, Lang- und Rundschiffe sollten nun im Hafen bleiben, so wäre es vernünftig, alle Erfahrung spricht dafür. Schon Hesiod rät (anfangs des 7. Jahrhunderts v. Chr.) in den *Werken und Tagen* seinem Bruder Perseus – wie er ein Bauer, gelegentlich aber auch Seefahrer –, »wenn der Winter anbricht und die Winde aus allen Himmelsrichtungen wüten, nicht mehr in See zu stechen, deren Wasser weinrot ist, sondern die Scholle zu bearbeiten. Zieh dein Schiff aufs Ufer, leg Steine rundherum [...] und zieh den Spund heraus, damit im Regen des Zeus nichts morsch wird. Räume das Tauwerk ordentlich beiseite, falte die Schiffstücher sorgfältig zusammen, hänge das Ruder ins Trockene, und was dich angeht, so warte, bis die Schiffahrtssaison wiederkehrt«.

Acht Jahrhunderte später hat sich nichts geändert. Das Schiff, auf dem der Apostel Paulus mit einer Gruppe Gefangener nach Italien unterwegs ist, wird durch ungünstige Winde lange in den Gewässern um Zypern aufgehalten. Da »zur See zu fahren fürderhin mit Gefahren verbunden war, denn es war sogar schon nach dem Fastentag« (dem Sühnefest ungefähr zur Zeit der herbstlichen Tag- und Nachtgleiche), entschließt sich der Kapitän, in einem Hafen auf Kreta Winterquartier zu nehmen. Aber das Unwetter läßt das Schiff von der Küste abdriften und vierzehn Tage über die offene See treiben, bis es vor Malta strandet. Besatzung und Passagiere, froh, wenigstens heil davongekommen zu sein, sitzen drei Monate lang auf der Insel fest, bevor sie im Frühling »unter der Schirmherrschaft der Dioskuren auf einem alexandrinischen Schiff«, das selbst dort überwintert hatte, wieder aufbrechen können.

Die Winterruhe ist also etwas Normales, ist so sehr die Regel, daß die um Ordnung besorgten Städte und Staaten das Reisen zur Winterzeit schlicht verbieten; noch im Jahre 1569 war es in Venedig »su'l cuor dell'invernata«, vom 15. November bis zum 20. Januar, untersagt. Die Levantiner ihrerseits fuhren nur zwischen Sankt Georg und Sankt Demetrius zur See (vom 5. Mai bis zum 26. Oktober gemäß dem griechischen Kalender). Um das Hindernis der Schlechtwetter-Saison zu überwinden, müssen sich Neuerungen in der Konstruktion des Rumpfes und in der Rudertechnik durchsetzen, und diese lassen, wie wir sehen werden, lange auf sich warten.

Die Schiffe auf dem Meeresgrund

Schiffe sind durchweg komplizierte Geräte, die langsam, sehr langsam weiterentwickelt werden. Es ist verblüffend, wenn man heute noch in einer Gasse in Messina oder am Rande einer kleinen griechischen Stadt, auf Chios, Lesbos oder Samos, in der Türkei oder in Dscherba Kähne im Bau sieht, die griechischen oder römischen Schiffen, so wie sie uns von der antiken Ikonographie überliefert oder durch unterseeische Archäologie zugänglich gemacht worden sind, erstaunlich ähneln. Alles ist nahezu gleich: die Bordwände, das Spantenwerk, der Bug, das Heck, der Kiel (das Rückgrat des Ganzen), die Verspundung des Masts oder der Masten. Wohl gibt es Unterschiede in der Reihenfolge der Bauabschnitte und in der Form des Steuerruders, aber es überwiegen die Ähnlichkeiten. Das läßt sich übrigens anhand der griechisch-römischen Wracks einwandfrei feststellen:

desjenigen von Antikythera in Griechenland etwa (aus der ersten Hälfte des 1. Jahrhunderts v. Chr.) – eines Schiffs, das eine Ladung Marmorstatuen transportierte, die sich heute im Museum von Athen befinden, oder des Wracks von Mahdia in Tunesien vom Anfang desselben Jahrhunderts, das 230 Tonnen Marmorsäulen und Bronzestatuen an Bord hatte und heute im Museum von Bardo zu besichtigen ist, oder desjenigen von Marzamenni auf Sizilien, aus dem 4. Jahrhundert n. Chr., auf dem die gesamten Bestandteile einer »vorgefertigten byzantinischen Kirche« gefunden wurden, in Marmor und Porphyr gearbeitet, oder schließlich jenes unlängst in Planier bei Marseille entdeckten römischen Wracks – lauter versunkene Schiffe, die uns eine Vorstellung davon vermitteln, wie ein römisches Handelsschiff beschaffen war, 20 bis 30 Meter lang, 5 bis 7 Meter breit, ein-, zwei- oder dreimastig, mit einer Tragkraft von 150 bis 200 Tonnen. So sind Ladungen von 3000 bis 10 000 Wein- oder Ölamphoren aufgefunden worden, über Kreuz angeordnet, so daß die Böden jeder Lage sich zwischen die Hälse der darunterliegenden fügen, eine Anordnung, wie sie noch heute für die Ölamphoren gebräuchlich ist, die von Dscherba aus verfrachtet werden und die untrüglich den antiken Amphoren ähnlich sehen.

Bei den Römern besteht das Steuer, wie bereits zu Zeiten der Griechen und der Phönizier, aus zwei seitlichen Rudern auf der Höhe des Hecks. »Ein wirkungsvolleres System, als oft behauptet wird«, bemerkt der Spezialist für unterseeische Archäologie, Patrice Pomey. »Die Römer bildeten es zu wirklichen, um eine Angel drehbaren Steuerrudern aus, die je nach Bedarf gekoppelt werden konnten und die nichts mit einem Ruderblatt gemeinsam hatten außer der Form an sich.«

Über Segel und Rahen und die Manöver, die sie ermöglichten, setzt uns natürlich die Ikonographie ins Bild. In der Antike waren ausschließlich viereckige Segel gebräuchlich. Oft wird ein kleines dreieckiges Segel über dem viereckigen aufgezogen (in diesem Fall jedoch nie ein zweites viereckiges). Dagegen scheint noch keine Takelage mit dreieckigen Segeln, genannt die lateinische, bekannt gewesen zu sein, und über ihre Ursprünge und ihre Verbreitung ums Mittelmeer läßt sich streiten. Die Thesen dazu widersprechen sich heute ziemlich kraß, obwohl die arabischen *Daus* einen Vorsprung des Ostens vermuten lassen.

Kein Zweifel besteht hingegen, was die Reihenfolge der Bauabschnitte betrifft. Drei Phasen lassen sich unterscheiden: der Kiel, die Spanten, die Planken der Bordwände. »Die Spanten bilden, wenn Sie so wollen, so etwas wie die Rippen eines Skeletts, dessen Haut die Bordwände sind. In Rom erstellte man, so sonderbar das auch erscheinen mag, zunächst die Bordwände, und paßte danach erst die Spanten ein: zuerst wurde die Haut aufgezogen, dann das Gerippe eingefügt.«

Solcherart sind die Handelsschiffe der Griechen und Römer, die zum Beispiel den sechseckigen Hafen von Ostia anliefen. Daneben gilt es an die langen, schmalen, mit Rudern ausgerüsteten Kriegsschiffe zu erinnern, so die athenischen Trieren, die 480 v. Chr. bei Salamis über die persische Flotte siegten. Die Trieren, in denen die Ruderer in drei Reihen übereinandersaßen, oder auch fünfreihige Kriegsschiffe gleichen den Galeeren des 15. und 16. Jahrhunderts, Kriegsschiffen, wie sie damals das Mittelmeer beherrschten – mit dem Unterschied freilich, daß sie keine Geschütze an Bord hatten. Sie waren deshalb weniger schwer als die Galeeren, mithin um einiges schneller.

Bis hin zur Linienschiffahrt

Drei Neuerungen prägen die Entwicklung im Schiffbau am Mittelmeer vor dem Aufkommen der Dampfschiffe und des Rumpfes aus Eisen: das Steuerruder am Hintersteven, das um das 12. Jahrhundert erscheint; die überlappende Schalenkonstruktion um das 14./15. Jahrhundert; die Linienschiffahrt vom 17. Jahrhundert an.

Der Hintersteven ist der zwischen dem konkaven und dem konvexen Teil des Schiffshecks angebrachte Bauteil. Das feste

Ruder daran, eine nordische Erfindung, ist das Steuerruder, so wie wir es kennen: eine Verbindungsstange durch den Rumpf hindurch ermöglicht die Steuerung vom Innern des Schiffes aus. Dieses Ruder ist bereits im 16. Jahrhundert mit einem Rad gekoppelt, mit dem der Steuermann es lenken kann: bis zu zwölf Männer legen bisweilen auf den mächtigen portugiesischen Seglern, die indienwärts fahren, ihre Kräfte zusammen, um das Steuerrad zu halten oder zu drehen. Natürlich müssen sich die Vorteile des neuen Lenksystems gegenüber dem alten erst erweisen; das neue scheint jedenfalls das Abfeuern von Geschützsalven und das Segeln gegen den Wind erleichtert zu haben.

Die zweite Neuerung betrifft die Bordwände, deren Planken sich nun überlappten. Aller Wahrscheinlichkeit nach kamen sie mit der Kogge, die im Mittelmeer gemeinhin »nave« genannt wird, aus östlichen Gefilden. Die Koggen waren bauchige Frachtschiffe von einigen hundert Tonnen, die in der Folge sogar noch größer gebaut werden sollten. Ihre Besonderheit? Daß sich die Planken des Schiffskörpers überlappen wie die Schieferplatten eines Dachs. Sie sind daher widerstandsfähiger als herkömmliche Rundschiffe mit aneinandergefügten Planken, sind auch bei hohem Wellengang seetüchtig und winterlichem Unwetter gewachsen.

Damit setzt ein regelmäßiger Verkehr ein: eine richtiggehende Revolution im Transportwesen. Manche Häfen verzeichnen plötzlich im Dezember, Januar, Februar eine Höchstzahl an Bewegungen. Im Mittelmeer tauchen massige Schwimmkörper zuhauf auf. Die genuesischen Koggen des 15. Jahrhunderts sind Schiffe von bis zu 1000, bisweilen bis zu 1500 Tonnen: Giganten des Binnenmeers. Auch die Segelfrachter aus Ragusa im 16. Jahrhundert haben ein Gewicht von annähernd tausend Tonnen. Auf solch mächtigen Frachtträgern wird befördert, was schwer oder sperrig ist: Korn, Salz, Wollballen, Ochsen- oder Büffelleder, für das im Okzident eine beträchtliche Nachfrage besteht und das in Rodosto am Marmarameer oder in Varna am Schwarzen Meer geladen wird.

Der Aufschwung der Segler aus Ragusa hängt einerseits mit der Kapazität ihrer Hellingen zusammen, andererseits mit den niedrigen Löhnen, mit denen sich die Mannschaften begnügen. Auf diese Weise setzen sie sich im ganzen Mittelmeer durch und fahren, wie die Genuesen oder die Venezianer, bis nach England und Flandern. Der Besitz an diesen großen Schiffen ist stets geteilt, üblicherweise in 24 Karate, die nicht unbedingt alle Eigentum von Leuten aus Ragusa sind. Auch ein Genuese oder Florentiner hat als Inhaber eines oder mehrerer Karate eine gewisse Kontrolle über die Fahrten seines Schiffes. Legt es in Livorno oder Genua an, so wird der Kapitän, meist einer aus Ragusa, aufgefordert, seine Rechnungen vorzuweisen und den Inhabern der Karate gleichwie Aktionären auszuzahlen, was er ihnen schuldet.

Die an solchen Bräuchen sich entzündenden Streitigkeiten und Prozesse haben in den Hafenarchiven mancherlei Zeugnisse hinterlassen, anhand derer sich die Historiker ein detailliertes Bild vom Leben und von den Wechselfällen auf den großen Frachtern machen können. Überaus erfolgreich im 15. und 16. Jahrhundert, beginnt im 17. Jahrhundert ihr Niedergang, bis sie nahezu vollständig verschwinden. Aber ist das im Mittelmeer, und zweifellos auch anderswo, nicht die Regel? Das Seegewerbe ist hart, und man läßt es dabei nicht auf den Zufall ankommen. Die Mannschaften werden in sehr engen Sektoren an der Küste angeheuert. Macht einer dieser Sektoren sein Glück, wenn man so sagen kann, dann ist das Meer bald voll von seinen Schiffen, doch allmählich wird er in dem schwierigen Spiel wieder ermatten. Diese Regel gilt sowohl für die kleinen Buchten in der Provence, für die griechischen Inseln, die Flußlandschaft um Genua, die Küste Dalmatiens als auch für die Dörfer und Städtchen an der großartigen katalanischen Küste. Eines Tages kommt der Wiederaufschwung, und das Spiel beginnt von neuem.

Die letzte Neuerung ist die Ersetzung der Galeere durch das Linienschiff. In der Schlacht von Lepanto (7. Oktober 1571) standen sich nicht weniger als 500 türkische und christliche Galeeren gegenüber, 250 auf jeder Seite. Aber schon zu Zeiten Juans de Austria war es um sie nicht mehr zum besten bestellt. Der letzte Erfolg waren zweifellos die verstärkten Galeeren, bei denen jedes Ruder von vier oder fünf Männern gleichzeitig bedient wurde, wodurch sie weit schneller als die gewöhnlichen Galeeren waren, sie einholen oder, wenn nötig, hinter sich lassen konnten.

Die Galeeren haben mancherlei Schwächen. Zunächst ist ihr Antrieb äußerst aufwendig: die Sträflinge, die gekauft, ernährt, gepflegt und gekleidet werden müssen. Freilich gab es in Venedig bis in die Mitte des 16. Jahrhunderts Bürger, die sich als Ruderer verdingten, wie schon im Athen des Perikles. Und bei allen Seestreitkräften waren auch Freiwillige dabei, die »buonvoglie«, wie sie in Italien hießen, Notleidende, die auf Zeit anheuerten, um ihrer Misere zu entkommen. »Ich glaube, es ist ganz und gar unmöglich«, schreibt der Repräsentant Ludwigs XIV. in Malta (26. Februar 1664), »in Frankreich gute voglies zu beschaffen, noch ihrer in anderen Ländern zu gewinnen, und so bin ich gewiß, daß man leichter Türken einfinge oder ihrer kaufte« – sicherlich auf dem Markt von Malta, wo Sklavenhändler bereitwillig ihre Beute verschacherten. Das System, schon deutlich geschwächt zur Zeit Ludwigs XIV., hätte sicher ohne die Sträflinge, die auf den Galeeren eingesetzt wurden, nicht aufrechterhalten werden können, vielleicht blieb es sogar wegen dieser Sträflinge länger bestehen, denn wo sonst hätte man sie so bequem einsperren können? Die Galeere ist das ideale Zuchthaus, das Konzentrationsgefängnis par excellence, weit wirksamer als die »piombi« in Venedig.

Die Galeeren hatten noch andere Mängel: ihre Herstellungskosten, das Gedränge der Männer an Bord und zuwenig Platz für die zunehmend unentbehrlichen und raumheischenden Geschütze. Auch sind die Galeeren lediglich für die ruhige sommerliche See geeignet. Wer sie im Winter einsetzen will (worin eine Taktik der schwächeren Flotten besteht, die so vor den Gegenstößen des Feindes durch die rauhe See gefeit sind), muß mit

Unbilden rechnen: mit dem Verschleiß und der Erschöpfung der Rudersklaven, ja, mehr noch, mit Schiffbruch, und da kann in ein oder zwei Stunden ein ganzes Geschwader verlorengehen. Genau dies widerfährt im Oktober 1562 den spanischen Galeeren in der Bucht von Herradura. Es blieb nur ein Trost: zu versuchen, wenigstens die Kanonen wieder herauszufischen.

Als schließlich die Handelsschiffe sich gegen die Korsaren mit Geschützen auszurüsten beginnen, werden die mit Männern überladenen Galeeren für sie zu idealen Zielscheiben. Im Jahre 1607 vernichten die Rundschiffe der Holländer die spanischen Galeeren, die ihnen die Zufahrt durch die Meerenge von Gibraltar versperren wollen. Von da bis zur Konstruktion bauchiger Segelschiffe allein zu Kriegszwecken scheint es bloß ein kleiner Schritt; aber viel Zeit verstreicht, bis er getan ist. Das runde Kriegsschiff setzt sich nicht auf einen Schlag durch, denn es hat gleichfalls seine Schwächen. Es braucht nur eine wohlausgerüstete Kogge bei Flaute still auf dem Meer zu liegen, schon rücken feindliche Galeeren heran, umkreisen den bewegungsunfähigen Körper und feuern nach Belieben aus dem toten Winkel seiner Bordwaffen darauf, stecken ihn in Brand oder zwingen ihn zur Kapitulation.

Trotzdem büßte die Galeere um 1620 ihren hohen Rang ein. Die nordischen Abtrünnigen, die damals Algier bevölkerten, führten dort den Schnellsegler mit weitem Aktionsradius ein. Das gesamte Mittelmeer wird ihr Jagdgebiet. Und diese blauäugigen, blonden »barbareschi« kreuzen durch die Meerenge von Gibraltar, lauern vor Cádiz und Lissabon, stoßen bis nach Island vor und treiben mit Unterstützung englischer Häfen oder holländischer Kaufleute in der Nordsee Seeräuberei. Immerhin, in Toulon und Venedig, ja selbst in Algier gibt es noch Galeeren. 1798 nimmt die Flotte, die Bonaparte nach Ägypten bringt, Malta ein, und da liegen tatsächlich im Hafen von Valletta Galeeren mit rotgestrichenen Rudern. Aber es sind nichts als Restbestände – weder bei Abukir (1. August 1798) noch bei Trafalgar greifen diese Galeeren in die Schlacht ein.

Zu dieser Zeit hat das Segelschiff längst obsiegt. Zwei deutlich geschiedene Klassen sind entstanden, einerseits die Handelsschiffe, andererseits die Linienschiffe, letztere eine Mischgestalt aus dem Rundschiff und dem Langschiff. Ein Vorläufer dieser Linienschiffe ist vermutlich in der venezianischen »galeazza« zu sehen, dieser großen, wie die künftigen Linienschiffe zugespitzten Galeere, die jedoch viel breiter ist als ihr feingliedriges Vorbild. Zu schwer und zu reichlich mit Geschützen bestückt, war sie schwer zu manövrieren, besaß allerdings die Feuerkraft einer schwimmenden Festung. Einige dieser Fettwanste bildeten die Vorhut jener Galeerenfront, die Juan de Austria in Lepanto errichtete, und sie vernichteten die türkischen Galeeren, kaum waren die Flotten miteinander in Berührung gekommen. Dieser an sich sensationelle Erfolg hatte jedoch keine kräftigen Konsequenzen. Denn in der Entwicklung des Schiffbaus im Mittelmeer, ebenso wie auf den anderen Weltmeeren, wird nichts überstürzt. Es bedurfte schon des Reichtums, des Ehrgeizes, des Wahnsinns neuzeitlicher Staaten, um Ende des 18. Jahrhunderts Linienschiffe zu bauen, die mit mehr als hundert Kanonen bestückt und deren Holzrümpfe zum Schutze mit Kupferplatten abgedeckt waren, gewiß Meisterwerke der Schiffbaukunst, aber extrem kostspielige.

Schiffe und Wälder

Trug die Karriere der Holzschiffe zur allmählichen Zerstörung der Mittelmeerwälder bei? Jedenfalls haben diese vielerorts höchst ärmlichen Szenerien Platz gemacht; »maquis« und »garrigues«, Buschland mit einer Menge wohlriechenden Gestrüpps, das gerade gut genug zum Anfeuern eines Kamins oder zum Aufheizen eines Backofens ist und das im ersten Fall (maquis) ein weitflächiges Dickicht bildet, während es im zweiten Fall (garrigues) den Boden großenteils kahl beläßt. Dieses Busch- und Ödland ist jedoch auch das Ergebnis ungeordneter Nutzung zum

Bau und zur Beheizung von Häusern oder zur Belieferung feuerungsintensiver Gewerbe sowie zur Umwandlung waldiger Gebiete in Ackerland, das in der Folge, weil wenig fruchtbar, wieder aufgegeben wird.

Ist nicht der Schiffbau, der einer der Hauptursachen der Entwaldung war, letztlich ein Opfer dieses Prozesses geworden? Eines Tages waren die Wälder Kalabriens und die Eichen vom Monte Gargano für die Schiffswerften von Ragusa oder an den nahen Stränden Neapels nicht mehr nutzbar. Carmelo Trasselli, der Historiker Siziliens, ist der Ansicht, die Verknappung und in ihrer Folge die Überteuerung des Holzes hätten den Niedergang des Mittelmeerraums im 16. und erst recht im 17. Jahrhundert mitbedingt. Selbst die Venezianer, ja sogar die Cavalieri von Malta kauften nun ihre Schiffe in Holland.

Diese sehr wahrscheinliche Erklärung ruft uns die Überlegungen Maurice Lombards zur Holzkrise im 11. Jahrhundert, die die ganze islamische Mittelmeerküste betraf, ins Gedächtnis. Die islamische Hemisphäre beherrschte damals den gesamten Kulturkreis, aber sobald es ihr an Holz zu mangeln begann, verlor sie auch augenblicklich die Herrschaft über das Meer. Und da gleiche Ursachen gleiche Wirkungen haben, büßte die christliche, abendländische Mittelmeerhälfte einige Jahrhunderte später ihrerseits die Herrschaft über das Binnenmeer ein, auf dem hinfort Engländer und Holländer maßgebend wurden.

Ein Meer der Verbindungen

Die Mittelmeerwelt, das sind Straßen zu Land und zu Wasser, sind Verbindungen, und ebenso wie die Wege sind die Städte miteinander verbunden, kleine, mittlere, große, und alle reichen sie einander die Hand – Straßen und immer mehr Straßen, ein vollständiges Verkehrsnetz mithin.

Das ist das System, durch das sich unser Begriff vom Mittelmeerraum, welcher im wahrsten Sinne des Wortes ein Bewegungsraum ist, endlich voll ausbildet. Zum Geschehen im engeren Umkreis, ob an Land oder zu Wasser – und darin besteht die Grundlage seines Alltags –, kommt das hinzu, was der Verkehr mit sich bringt, um so mehr, und mit sichtbaren Folgen, je schleuniger er vonstatten geht. Jahrhundertelang ist die Toskana vermutlich die schönste Landschaft der Erde. Liegt der Grund nicht darin, daß Florenz sich von sizilianischem Getreide ernährt, so daß die ländliche Toskana sich auf den Wein- und Olivenanbau spezialisieren kann? Venedig ist vom 14. bis ins 16. Jahrhundert die reichste Stadt Italiens, vielleicht Europas, jedenfalls des ganzen Mittelmeerraums: weil es im Herzen des weitläufigsten Verkehrsnetzes seiner Zeit liegt, das sich über das gesamte Meer erstreckt, und weil es sich den fettesten Happen im Handel mit Pfeffer und Gewürzen aus der Levante oder immerhin, über levantinische Handelsniederlassungen, aus dem Indischen Ozean angeeignet hat, und vor allem weil es für den Westen der bestimmende Wiederverkäufer dieser kostbaren Handelsgüter ist, namentlich für Deutschland, das in Europa der bedeutendste Verbraucher ist. Die deutschen Händler setzen sich in Venedigs großem Lagergebäude, dem »Fondaco dei Tedeschi«, gewissermaßen fest, genauso wie die Venezianer selbst sich in den Lagerhäusern der östlichen, islamischen Länder festsetzen. Für Venedig besteht das Problem darin, zu verhindern, daß sich die Deutschen direkt in den Seehandel einschalten. Das sind eifersüchtig gehütete Jagdgründe, Einwohnern vorbehalten, die das volle, »innere und äußere« Bürgerrecht besitzen (»de intus et de extra«).

Daran läßt sich ermessen, wie die Meeresstraßen das Gebiet erweitert haben, in dem die Mittelmeerstädte und ihre Kaufleute ihre Geschäfte betreiben. Immerhin ist es ein Sohn dieser Stadt, der für seine Zeitgenossen das ferne China entdeckt: 1296 trifft Marco Polo wieder in Venedig ein. Und ein anderer Mann, der am Mittelmeer geboren wurde, Christoph Kolumbus, entdeckt 1492 Amerika. Es sind italienische Kaufleute, die im 13. Jahrhundert die Märkte in der Champagne kontrollieren, und sie haben zweihundert Jahre später sogar den Markt von Lyon unter Kontrolle, um den mit gutem Grund das Kapital Europas eine Weile kreiste. Die deutschen Städte Nürnberg, Ulm, Frankfurt am Main und Augsburg, vor allem Augsburg, sind Nacheiferer, Nebenbuhler Italiens. In Brügge, in London dominieren vom 14. Jahrhundert an die italienischen Handelsbankiers, und mit ihnen wird das ferne, unbescheidene Meer auch hier dominant.

Das Mittelmeer *stricto sensu* wird also von einem ausgedehnten, mediterran beeinflußten Territorium umschlossen, das ihm als Resonanzboden dient. Und es ist nicht allein das Wirtschaftsleben, das in der Ferne Widerhall findet, auch seine zivilisatorischen Leistungen, seine wechselnden kulturellen Erfindungskräfte strahlen zurück. Die Renaissance verbreitet sich von Florenz aus. Der Barock spannt sich, von Rom und dem in Hochblüte stehenden Spanien initiiert, über ganz Europa aus, einschließlich der protestantischen Länder im Norden. Und ebenso werden die Moscheen Istanbuls bis nach Persien und Indien nachgeahmt.

Die Ränder des Groß-Mittelmeerraums machen so die dem Meer eigene Größe und Ausstrahlung sichtbar. Hierin liegt auch die Lösung für manche auf den ersten Blick unlösbare, aber im Grunde sich selbst beantwortende Frage zur Vergangenheit des Mittelmeers.

Die luxuriöse Pracht entlang dem Canale Grande, der schönsten Straße der Welt, oder auf dem Markusplatz, dem schönsten Platz der Welt, dieser Luxus, den wir heute in Gedanken – und wirklich – nacherleben, ist ohne Ausbeutung andernorts Lebender nicht vorstellbar. Die Nutzung der unmittelbaren Umgebung und die Handelstätigkeit der nahegelegenen Adriahäfen hätten dazu nicht ausgereicht. Es mußte schon der Fernhandel beitragen, mußte das Mittelmeer seine Fühler vermittels des Islam bis in den Fernen Osten ausstrecken. Wenn anläßlich des Sensa-Festes zu Himmelfahrt die Dogen von Venedig sich vor der Kirche San Nicoló dei Mendicoli dem Meer vermählen, dann ist das nicht lediglich ein faszinierendes Schauspiel und nicht bloß ein

Symbol, sondern Wirklichkeit: durch das Meer vereinigen sie sich mit dem Groß-Mittelmeer, der gewaltigen Reichtumsquelle.

Der Niedergang, die Krisen, die Perioden des Unbehagens in der mediterranen Welt sind, strenggenommen, Pannen, Schwächen, Brüche im Kreislaufsystem, das sich durch sie hindurch, aus ihr heraus und um sie herum spannt und das sie jahrhundertelang über sich hinauswachsen ließ. Die Reise Vasco da Gamas 1498 war der erste Streich, den ihr das Schicksal spielte. Sie überstand zwar die Prüfung. Der Niedergang wird kaum vor 1620 deutlich, der Zeit, da Engländer und Holländer auf den fernen Absatzmärkten des Mittelmeerraums gleichfalls Fuß gefaßt haben und in seinen eigenen Kreis vorgedrungen sind. Das war ein tiefer Einschnitt. Eine endgültige Zäsur? Selbst nach Jahrhunderten der Demütigung wird der Durchstich des Suezkanals (1869) – worauf wir noch zu sprechen kommen werden – den Wohlstand der mediterranen Welt nicht gänzlich wiederherstellen, und erst recht nicht ihre privilegierte Macht. Denn zu dieser Zeit herrschte unangefochten England über den Erdball. Das Mittelmeer, im 16. Jahrhundert in fremden Besitz geraten, blieb dem alleinigen Verfügungsanspruch seiner Anwohner entzogen.

Fernand Braudel

Dämmerung

Jedermann sagt, jedermann weiß, daß die »Anfänge der Zivilisation« im östlichen Mittelmeerraum, im Vorderen Orient liegen. Aber nicht gleich von Beginn an war das Meer dafür verantwortlich – jahrtausendelang blieb es leer, öder als selbst die Wüste, Hindernis und nicht Verbindung zwischen den Menschen, obschon diese bereits sehr früh an seinen Gestaden lebten. Bald auch verkehrten auf ihm immerhin einfache Flöße oder Einbäume. Wie wären sonst die Transporte, für die wir Beweise besitzen, möglich gewesen? So wurde nach Zypern, das als Insel seit dem Erscheinen des Menschen in Kleinasien existiert – wenn auch nicht genau bekannt ist, seit wann es besiedelt ist –, zur Herstellung von Werkzeugen Obsidian aus Anatolien eingeführt. Dieses Beispiel steht nicht allein: Malta, das erstmals um 5000 v. Chr. bewohnt war, verschaffte sich in Sizilien wichtige Steine, darunter Obsidian. Doch nichts weist auf regelmäßige Kontakte oder dauerhafte Beziehungen hin. Der Mensch überwand für kurze Strecken zwar schon frühzeitig, aber doch nur sporadisch die Barriere des Meers. Die Weite der See blieb lange Zeit unerkundet und ungenutzt. Am Rande, fern von der Küste machte die mediterrane Zivilisation ihre ersten Gehversuche.

Umwälzungen im Vorderen Orient

Am Anfang der Geschichte steht die Erfindung der Landwirtschaft, die neolithische Umwälzung, von der man seit kurzem erst – dank der Radiokarbonmethode – weiß, daß sie um 9000 v. Chr. einsetzte und sich über mehrere Jahrtausende erstreckte. Diese wichtige Wendung in der Geschichte der Menschheit vollzog sich also keineswegs rasch. Eine allmähliche Entwicklung, griff sie von untereinander mehr oder weniger verbundenen Brennpunkten aus stetig um sich, so der Anbau von Feldfrüchten – wildwachsenden Gewächsen, die lange bevor sie zu eigentlichen Kulturpflanzen wurden, schon bekannt waren –, die Haustier-Zucht, die Obstkulturen, die Herstellung von Werkzeugen, die seßhaften Lebensweisen.

Die Ursprünge der Zivilisation sind denn auch nicht im Flachland zu vermuten, das man sich *a priori* als leichter kultivierbar vorstellt, sondern in den höheren Regionen am Rande der syrischen Wüste oder auf den Hochebenen Anatoliens und des Iran. Hier, in Höhenlagen zwischen 600 und 900 Metern, ist die natürliche Heimat von Schafen, Ziegen, Rindern und Schweinen, auch die von Wildgräsern; hier auch ist verhältnismäßig reichlich Wasser vorhanden, das am Fuße der nördlichen Erhebungen über die Hänge in gut exponierter Süd- oder Westlage fließt. In diesem von den Historikern bezeichnenderweise »Sichel der Fruchtbarkeit« genannten Gebiet hat die Landwirtschaft ihren Ausgang genommen. Drei besonders günstige Landstriche stehen am Beginn ihrer langen Laufbahn: die Täler und Westhänge des Zagros, das Berggebiet des türkischen Mesopotamien und der Süden des anatolischen Hochplateaus.

Landwirtschaft heißt Seßhaftwerden, Verwurzelung in zusammenhängenden Wohnformen. Die ebenfalls durch die Radiokarbonmethode enthüllte Überraschung bestand jedoch darin, daß es nicht nur Dörfer und Weiler gab, sondern bereits im 8. Jahrtausend v. Chr. größere Agglomerationen, die als Städte bezeichnet werden dürfen, obwohl sie in nichts die Struktur einer mesopotamischen oder ägyptischen Stadtanlage aufweisen. Daher die revolutionäre und überzeugende Schlußfolgerung von Jane Jacobs (*The Economy of Cities*, 1969), daß es logisch sei, wenn in der prähistorischen Leere, so wie in dem Vakuum, das die Eroberung durch die Europäer in manchem Gebiet der Neuen Welt hinterließ, gleichzeitig mit den Dörfern, wenn nicht sogar vor ihnen, Städte zu entstehen begannen. Jericho und Çatal Hüyük sind zwei Beispiele für »neolithische« Siedlungen. Im 7. Jahrtausend v. Chr. beherbergte Jericho mindestens 2000 Einwohner, und die zusammenhängenden Häuser Çatal Hüyüks – innerhalb derer sich die Leute durch ovale Maueröffnungen bewegten, während die Verbindung zwischen den Häusern sich über Terrassen ergab – breiteten sich über 15 Hektar aus.

Diese »Urstädte« sind bereits Organisationszentren. Sie knüpfen weitreichende Beziehungen an und erhalten sie aufrecht. Jericho exportiert Salz und Bitumen, führt Obsidian aus Anatolien, Türkis aus dem Sinai und Kauris vom Roten Meer ein. Çatal Hüyük tauscht seinen Obsidian gegen Flintstein aus Syrien, importiert aus dem Mittelmeer massenhaft Muscheln und vielerlei Gestein, Alabaster, Marmor. Aus Edelsteinen, Perlmutt oder Kupfer wird Schmuck gefertigt, feine Stoffe werden verarbeitet, Töpferwaren hergestellt usw., während zur gleichen Zeit die nahegelegene Ebene von Pamphylien kulturell noch überaus rückständig ist. Und – Zeichen wirtschaftlichen Gedeihens – in Çatal Hüyük setzen sich schöpferische Erfindungen ohne Reibung durch.

Dennoch wird das Tiefland, wird – zusammen mit Ägypten – Niedermesopotamien zur treibenden Kraft der entstehenden Zivilisation werden. Denn ohne erheblichen Verkehr ist eine große Zivilisation nicht lebensfähig. Die Flüsse – Euphrat, Tigris, Nil – ermöglichen bald den Aufschwung der Binnenschiffahrt. Nun brauchen sich die Schiffe nur noch aufs Salzwasser des Persischen Golfs, des Indischen Ozeans, des Roten Meers oder des Mittelmeers hinauszuwagen, und der entscheidende Schritt ist getan. Ein Wunder hebt an. Handelsgüter, vielerlei Waren und vielfältige Techniken wandern über die Seestraßen. Das Mittelmeer beginnt zu leben.

Die Binnenschiffahrt auf Euphrat und Tigris (ergänzt durch Flöße, die aus aufgepumpten, aneinandergebundenen Schläuchen bestanden und schwerbeladen stromabwärts fuhren – wonach die platten Schläuche auf Eselsrücken wieder hinaufgeschafft wurden) war sicher für die Entwicklung und den Wohlstand Mesopotamiens von erstrangiger Bedeutung. Sie erlaubte gleichzeitig die wirtschaftliche Verteilung der verschiedenen Ressourcen aus dem Gebirge und aus dem Tiefland sowie den Zusammenschluß der unabhängigen und auf die Bewahrung ihrer Unabhängigkeit pochenden Städte. Man braucht nur dem Verkehr der Kähne zuzuschauen, wie er sich heute noch auf den ausgedehnten Wasserflächen des Euphrat abwickelt, entlang den offenen, oft sumpfigen Ufern, um jene beeindruckenden Basreliefs im Palast zu Ninive wieder lebendig werden zu lassen, auf denen Barken aus Schilfrohr zwischen Flußpferden über die seichten, fischreichen Gewässer gleiten. Aber Mesopotamien liegt weit entfernt von den Gestaden des Mittelmeers, und wiewohl es scheint, daß seine Bewohner sich aufs Rote Meer und in den Persischen Golf hinausgewagt haben, wissen wir davon nur wenig. Es bildet für die früheste Geschichte des Mittelmeerraums die Folie.

Im Gegensatz dazu geht die Geschichte der ägyptischen Schifffahrt in die des Mittelmeers über. Die Basreliefs der ältesten Pyramiden zeigen uns aus Papyrusstauden hergestellte Boote, nicht unähnlich den mesopotamischen Barken, mit angehobenem Bug und Heck und beinahe flachem Boden, der verhinderte, daß sie auf knapp unter dem Wasserspiegel liegende Sandbänke aufliefen, und dank dem sie unbeschädigt die vielen Sumpfgewässer überqueren konnten.

Recht schnell stellten sich Fortschritte ein, und so wurden die ursprünglichen Binsen durch Bohlen aus oberägyptischem Sykomore- oder Akazienholz oder libanesischem Zedernholz ersetzt. Die kurzen, massiven Bohlen wurden fest zusammenmontiert. Bis aufs Material gleichen diese kiellosen Holzkähne mit ihren mittels eines Längskabels angehobenen Enden augenfällig den urzeitlichen Barken. Man begegnet ihnen in den Jagd- und Fischereiszenen, wie sie auf Grabmauern dargestellt sind, und mit ihnen werden die Toten zu ihrer letzten Ruhestätte geleitet.

Die Nilschiffahrt ist ebenso leistungsfähig wie jene auf dem Euphrat, und sie hat ihr übrigens einen Vorteil voraus: in Ägypten kommen die Schiffe dank der Regelmäßigkeit der Winde leicht mit Segelkraft stromaufwärts. In der Gegenrichtung genügt es, sich von der Strömung treiben zu lassen. Zu rudern oder zu treideln ist kaum jemals nötig. Aus diesem Grunde (und aus anderen Gründen) ist der Nil der große Einiger Ägyptens und stiftet er geradezu dessen Wohlstand. Im 25. Jahrhundert v. Chr. ermöglicht er den Transport von Granit aus den Gruben Oberägyptens nach Memphis, und der Nil ist es auch, der Ägypten an den Schätzen Nubiens teilzuhaben gestattet, diesem Großlieferanten von Elfenbein, Ebenholz, Straußenfedern und Edelmetallen, vornehmlich Gold. Bald ist über Koptos auch das Rote Meer erreichbar, und damit werden Weihrauch und Myrrhe des Punt, Kupfer, Türkis und andere Edelsteine im Sinai zugänglich. Alle diese Kostbarkeiten werden in Niederägypten, dem Sitz der pharaonischen Macht, angehäuft. Und mittels ihrer läßt sich wiederum kaufen, woran es Ägypten mangelt und wonach es gelüstet: Zedernholz aus dem Libanon, Bitumen vom Toten Meer, Öl, später auch Wein aus Syrien.

Dieser früheste Verkehr zwischen Ägypten und den Städten an der syrisch-libanesischen Küste fällt praktisch mit dem Beginn der ägyptischen Geschichte zusammen, zunächst wahrscheinlich in Form von Expeditionen, die von den Pharaonen ausgesandt wurden. Doch Mitte des 3. Jahrtausends verbindet eine richtige Handelsflotte Byblos mit den Deltahäfen; die Schiffe sind ägyptischer Bauart und vermutlich von Ägypten finanziert, vielleicht jedoch bereits von Kanaanitern (das ist der Name, mit dem man die Syro-Libanesen bezeichnete) gebaut und sogar gesteuert.

Diese Vorfahren der Phönizier waren ein Seefahrervolk. Tausend Jahre später ist kein Zweifel mehr möglich: Auf einem Gemälde in Theben aus dem 15. Jahrhundert v. Chr. sind die Kanaaniter in ihrer typischen Kleidung dargestellt, wie sie in Ägypten ein von ihnen geführtes Schiff mit Waren aus ihrem Land entladen. Die Stoffe indes sind ähnlich geblieben: Segler des ägyptischen Typus, mit den gleichen beinahe rechtwinklig angehobenen Enden, anscheinend kiellos, Schiffe, wie sie sich für friedliche und routinemäßige Fahrten auf nicht tiefen Gewässern eignen, beispielsweise dem Nil, der periodischen Hochwassern unterworfen ist, deretwegen von der schiffbaren Strecke auf den Landweg ausgewichen werden muß.

Mit Beginn des 2. Jahrtausends, und vermutlich sogar früher, erschien ein anderer Schiffstypus, der einem anderen Kontext entstammt: dem der Ägäisvölker. Deren leichte Boote fahren mit Segel- und mit Ruderkraft und sind mit einem Kiel versehen, was nicht nur den Schiffskörper gegen die Gewalt der Wellen widerstandsfähiger macht, sondern ihn tief im Wasser stabilisiert und gleichzeitig eine Gegenkraft zum Wind bildet. In der Tat ist dieses ägäische Schiff, unmittelbarer Vorläufer der phönizischen, griechischen und römischen Schiffe, das erste wirklich seetüchtige Schiff. Mit ihm macht die Geschichte des Mittelmeerraums einen Sprung nach vorn.

Das Mittelmeer, erstmals als Handelsmeer

Mit Beginn des 2. Jahrtausends treten also zwei Küstenzonen in Erscheinung, wo Seeschiffe gebaut werden, und die Seeleute hervorbringen: der Libanon und die Ägäischen Inseln. Hier finden sich schon der Urtyp des Phöniziers, der Urtyp des Griechen. In der Ägäis und an den Gestaden Kleinasiens ebenso regsam, wie ihre Nachfolger es sein sollten, sind sie die Hauptverantwortlichen für das Entstehen eines mediterranen Handels vorerst nur in der einen, östlichen Hälfte des Meeres, die jedoch im Grunde bereits einen einheitlichen Wirtschaftsraum bildet, in dem alsbald Güter, Techniken, Moden, Geschmäcker, Menschen und diplomatische Beziehungen Gegenstände des Tauschs werden.

Damit entsteht etwas Neues, Außergewöhnliches, eine kosmopolitische Kultur, innerhalb derer der Anteil jeder der verschiedenen Zivilisationen erkennbar wird, die am Rande des Meeres oder mitten darin aufleben. Einige dieser Zivilisationen sind Teile größerer Reiche: Ägypten, Mesopotamien, das Kleinasien der Hethiter; andere wachsen selbständig als Werk von Städten in Meeresumgebung heran: an der syrisch-libanesischen Küste, auf Kreta, später in Mykene. Jedenfalls verkehren sie von nun an miteinander. Alle, selbst Ägypten, das doch sonst so in sich selbst geschlossen blieb, wenden sich mit leidenschaftlicher Neugier nach außen. Man reist, tauscht Geschenke aus, nimmt diplomatische Beziehungen auf, gibt einem fremden König als Pfand für diese neuen »internationalen« Beziehungen eine Prinzessin zur Frau. Es ist die Zeit, aus der jene Fresken auf den ägyptischen Grabmälern stammen, auf denen sich in sorgfältiger Darstellung alle Völker des Nahen Ostens und der Ägäis finden, Kreter, Mykener, Palästinenser, Nubier, Kanaaniter, jeweils in ihrer eigentümlichen Kleidung; die Zeit, in der die prächtige kretische Keramik sich in der ganzen Levante verbreitet (es gibt kaum eine Ausgrabung, bei der aus jener Epoche nicht ein kretisches Gefäß oder wenigstens einige Scherben davon zum Vorschein kommen); die Zeit, in der Ägyptens überallhin exportierte blaue Fayence in Ugarit skrupellos kopiert wird und in Mykene mit den Toten in die Gräber wandert; in der der kanaanitische Götterkult, vermutlich von Händlern mitgebracht, sich im Delta ausbreitet, während Ägyptens geflügelte Sphingen und Götter in Syrien und den hethitischen Ländern in Ehren stehen; in der auf den Grabmauern Thebens die Phantasie der kretischen Malerei die nüchterne ägyptische Tradition durchbricht, während sich kretische oder mykenische Keramiker durch Lotusblumen und Wasservögel vom fernen Nil inspirieren lassen und auf eigenständige Weise – aber mit welcher Kraft in der Anordnung und Behandlung der Formen! – diese vieldeutige Meeresthematik wiederaufnehmen, wobei sie, im Gegensatz zu den Ägyptern, von räumlichen Bezügen und Bildhorizonten absehen; die Zeit, da man in Ägypten, wo bisher ausschließlich weißes Leinen die Mode bestimmte, von syrischen Stickereien und den bunten Stoffen der Kreter zu schwärmen beginnt.

In diesem erstaunlichen Austausch gebührt die Krone des Kosmopolitismus zweifellos den Syro-Libanesen, die allerorten und auf jedem Gebiet Anleihen machen und alles nach ihrem Geschmack neu mischen. Auf der entgegengesetzten Seite steht Kreta, das trotz der Rührigkeit seiner See- und Kaufleute, auf deren Spuren man überall trifft, mehr weiterverlieh, als es selbst aufnahm. Vielleicht durch sein Inseldasein geschützt, war es die urtümlichste, seltsamste der frühantiken Zivilisationen, ebenso geheimnisvoll in ihrer eigenständigen Entwicklung am Rande, wie es ihr Untergang war, ihr jähes und immer noch ungeklärtes Ende.

Von Knossos bis Mykene

Kreta ist eine entlegene, lange Zeit unterbevölkerte und unterentwickelte Insel auf offener See, sonderbar abgeschirmt: es gibt auf ihr keine autochthonen wildlebenden Tiere, keinen Fuchs, keinen Wolf, keinen Adler, keine Eule, keinerlei Schädlinge außer dem Skorpion, der Viper und einer Giftspinnenart, die ihrerseits wiederum auf dem Festland nicht vorkommt. Während langer Zeit fanden die zivilisatorischen Impulse von den Kykladen und von der Ägäis her auf Kreta kaum Widerhall. Troja in der Nähe des Hellespont ist schon glanzumwoben, als Kreta noch gänzlich im Dunkeln liegt. Erst um 2500 v. Chr. fällt ein wenig Licht darauf. An der Legende der von Zeus aus phönizischem Küstenland nach Kreta entführten Europa muß etwas Wahres sein.

In zwei Phasen, der ersten von 2000 bis 1700, der zweiten von 1700 bis 1400, entstehen palastartige Stadtanlagen. Wie diese

Jahreszahlen schon anzeigen, entwickelt sich die Insel gleichzeitig mit dem Aufschwung, den die Seefahrt in der Levante nimmt.

Sind in diesen mannigfaltigen städtischen Palastanlagen – deren schönste, aber längst nicht einzige Knossos ist – unabhängige und bereits dem griechischen Modell entsprechende Stadtstaaten zu sehen, wie E. van Effenter meint? Diese Paläste sind ein zugleich göttliches und fürstliches Erbe, jenes des Königs Minos von Knossos; sie sind aber vielleicht auch ein Wirtschaftsgehäuse, Ort der Verknüpfung und Verteilung der gesamten Produktion, das Auftragszentrum der Handwerker und Kaufleute aus der nahen Stadt, durch das sie sich mit wachsendem Selbstbewußtsein am Außenhandel beteiligen. Denn ihre Blütezeit, vor allem die glanzvolle Epoche von 1700 bis 1450, geht mit einem allgemeinen wirtschaftlichen Fortschritt im Vorderen Orient einher. Die Herrlichkeit der Großreiche spiegelt sich in der Kultur Kretas wider, deren Leuchtkraft ihrerseits weit über seine Grenzen hinauswirkt. Knossos, Inbegriff der Palaststadt, erstrahlt dank der das Meer durchmessenden kretischen Schiffe noch in fernen Regionen.

Um 1450 werden, wie wir schon erwähnt haben, Knossos und das östliche Kreta (der Teil der Insel, der allein diese leuchtende Kultur trägt) mit einem Mal untergehen. Vielleicht infolge des Vulkanausbruchs von Thera, des heutigen Santorin? Eine zulässige Vermutung, und sie wird auch oft vorgebracht. Oder – klassische Hypothese – aufgrund eines erfolgreichen Einbruchs der Mykener? Oder gar gewaltsamer sozialer Unruhen wegen? Wie dem auch sei, die Kultur Kretas erlischt Mitte des 15. Jahrhunderts.

Wir haben von dieser Zivilisation nur unvollständige Kenntnisse. Ihre Religion wird uns nicht wirklich durchsichtig. Nur einige wenige ihrer Symbole sind uns überliefert: Baum, Pfeiler, Doppelaxt, Stierhörner, rituelle Schärpen, und einige heilige Tiere: Schlange, Taube, Stier. Schließlich scheint eine aus den Tiefen der Vorgeschichte hervorgetretene und an Urformen des Denkens und Fühlens gemahnende Muttergöttin in hohem Ansehen gestanden zu haben. Aber welch ein Abgrund zwischen dieser jungen, eleganten Göttin, die in der Hand, wie zur Zierde, eine Schlange hält, und jenen fetten Statuen, Sinnbildern der Überfülle, deren man anderswo, rund um die Ägäis, Hunderte aufgefunden hat! Welcher Zusammenhang besteht zwischen dem heiligen Tanz der Priesterinnen, ihren wirbelnden Volantröcken – junge, hochgewachsene, ballerinahafte Frauen – und den Fresken von Mari, auf denen dargestellt ist, wie dem König von der Göttin Ischtar die heiligen Embleme mit der versammelten hieratischen Würde Mesopotamiens überreicht werden? Das Faszinierende an Kreta liegt darin, daß wir es uns, ob zu Recht oder zu Unrecht, als eine »andere« Zivilisation vorstellen, in der alles auf Schönheit und Lebensfreude ausgerichtet und wo für Krieg kein Platz ist (jedenfalls sind die Städte Kretas von keinerlei Befestigungsanlagen umgeben). Auf den Fresken von Knossos wandelt der Priesterkönig zwischen Lilien, und Frauen in leichten gelben, blauen und weißen Röcken tanzen barbusig vor reichlich Publikum, das unter blauen Ölbäumen sitzt. Feingliedrige Akrobaten agieren zwischen den Hörnern von Stieren. Ein schlichter, kraftvoller Naturalismus herrscht vor: ein Grashalm, ein Krokus- oder Irisbeet, ein weißer Lilienschößling auf dem Ocker einer Vase oder dem Purpur von Mauerstuck, Schilfrohr, das ineinander und so in ein fortlaufendes, beinahe ungegenständliches Motiv übergeht, ein blühender Ölzweig, die stilisierten Formen eines Tintenfischs, Delphine, ein Seestern, ein geflügelter blauer Fisch und noch manch andere Motive, die mit großer Freiheit in der Erfindung gestaltet sind. In einer glücklich unwirklichen Welt pflückt ein blauer Affe Krokusse, hat sich ein türkisfarbener Vogel auf einem rot, gelb, blau und weiß marmorierten Felsen niedergelassen, auf dem Hagedorn blüht; eine wilde Katze belauert hinter luftigen Efeuranken einen nichtsahnenden Vogel, der ihr den Rücken zuwendet; und ein grünes Pferd zieht den Wagen zweier lächelnder Göttinnen.

Die mykenische Kultur (genannt nach der Stadt Mykene im Argolis), welche die Zivilisation Kretas ablöst, war schon lange deren Schülerin. Sollte die Lehrmeisterin vom gefährlich gewordenen Nachwuchs vernichtet worden sein? Möglicherweise. Oder dieser besetzte die frei gewordene Stelle. Jedenfalls steht fest, daß der Aufstieg der mykenischen Städte – Tiryns, Pylos, Argos, Theben, Athen und Mykene – auch nach dem jähen Untergang Kretas andauert. Nach kretischem Vorbild entstehen große Palastanlagen. Und die wie vor ihnen die Kreter das Meer durchkreuzenden mykenischen Händler nehmen in der Ägäis bald eine Vorrangstellung ein. Sie machen sich auf Zypern, in Ägypten, Kleinasien, Syrien und im Libanon breit, und wie zuvor die der Kreter sind ihre Tonwaren allenthalben im Vorderen Orient zu finden. Aber die Stimmung ist umgeschlagen: die mykenischen Städte, kampflustig und expansionistisch wie sie sind – mitunter auch Rivalen –, verschanzen sich hinter Mauern. Ihr Ende wird tragisch sein, alle werden sie dramatisch untergehen.

Die nahezu unerklärlichen Katastrophen im undurchsichtigen 12. Jahrhundert

Das 12. Jahrhundert v. Chr. ist dunkel unter dunklen Jahrhunderten. Läßt sich die damalige, nicht abreißende Kette von Zusammenbrüchen mit dem Untergang Roms im 5. Jahrhundert n. Chr. vergleichen? Man hat es getan. Fest steht, daß der vor diesen Katastrophen kräftig leuchtende Raum vom Ionischen Meer bis nach Ägypten und dem übrigen Vorderen Orient im 12. Jahrhundert – und etwa für ein halbes Jahrtausend – in Finsternis getaucht wurde. Deshalb wird man denn das Ende Roms, das nur ein Beilhieb war, vernünftigerweise kaum mit dieser Jahrhunderte währenden Nacht vergleichen.

Denn damals ging nicht nur das Hethiterreich in Kleinasien zugrunde, sondern es verschwanden auch die mykenischen Paläste, allesamt gebrandschatzt und zerstört (in Tiryns wurden am Fuß der Festungsanlagen unter ausgeglühten Trümmern die Gebeine der Widerstand Leistenden gefunden). Waren die geheimnisumwobenen »Seevölker« dafür verantwortlich, die an die Normannen des Mittelalters denken lassen? Aber wer waren, woher kamen diese Völker? Es gab sie sehr wohl, sie werden verschiedentlich schriftlich erwähnt. Sie drangen bis nach Ägypten vor, wo sie jedoch zweimal, 1225 und 1180 v. Chr., vernichtend geschlagen wurden: ein Basrelief gedenkt dieses Triumphs des Pharaos. Aber Ägypten wird deswegen dem Unheil nicht entgehen, denn was in dem ganzen Durcheinander vor allem und für lange verschwinden wird, ist das Mittelmeer als Handelsplatz. Der Handel ebbt ab, verfällt; er überstand das Brandschatzen und Metzeln nicht, den Zusammenbruch von Festungen und die Zerstörung ganzer Städte, die nach Belieben gestürmt und geplündert wurden.

Bis vor kurzem suchte man die Erklärung für diese Dramen im Aufstieg eines indogermanischen Volksstamms, der Dorer. Barbaren zwar, verfügten sie indes über eisengeschmiedete Waffen. Sie sollen über die Mykener gesiegt haben, die nur Waffen aus Bronze kannten. Die hilflose Bevölkerung soll von den Eindringlingen vertrieben worden sein, und diese Flüchtlingsscharen wären nun ihrerseits mit den Seevölkern identisch, die plündernd und mordend über das Hethiterreich bis nach Ägypten zogen. Doch läßt sich diese Deutung nicht mehr aufrechterhalten, seit man weiß, daß die Dorer als letzte indogermanische Eindringlinge im antiken Griechenland nicht vor Ende des 12. Jahrhunderts auftauchten, gut und gern hundert Jahre später somit, und es waren auch nicht sie, die das Eisen mitbrachten; es kam von anderswo, meinen die Archäologen heute.

Nun gibt es freilich keine andere Erklärung, die sich aufdrängen und die jeder Kritik standhalten würde. Wir können nur Vermutungen anstellen, die sich erst noch, weiß Gott wie, als stichhaltig erweisen müssen.

Claude A. Schaeffer hat die Ansicht vertreten, das Hethiterreich sei durch gewaltige Erdbeben ausgelöscht worden. Das ist möglich und stimmt vielleicht sogar, denn seismische Erschütterungen kamen in dieser Gegend Kleinasiens schon immer häufig vor. Aber damit ist noch nicht der ganze Komplex von Erscheinungen erhellt, der über die Grenzen Anatoliens hinausweist, und die These gibt weder über die Rolle der Seevölker noch über die Zerstörung der mykenischen Städte Aufschluß.

Ob sich, wie Rhys Carpenter in einem kürzlich erschienenen Buch vermutet, ein Klima-Umsturz ereignete, so daß eine unheilvolle und letztlich verheerende Dürre einsetzte und anhielt? Die Etesien, meint er, jene regenlosen Winde, seien übermächtig geworden und hätten weite, schon vorher trockene, aber immerhin kultivierbare Teile des Landes in Wüsten verwandelt. Diesem Verhängnis seien nur hoch und in Meeresnähe gelegene, außerdem den peitschenden Westwinden voll ausgesetzte Regionen entgangen: so der Golf von Korinth (den die *Weisungen für die Seefahrt* von Mai bis Juli und im September und Oktober als anfällig für Sturmtiefs beschreiben), so Attika, so auch Rhodos, Zypern und Thessalien sowie Epirus. Schließlich seien die durch mehrere Mißernten aus ihrer Heimat vertriebenen Bewohner übers Meer in relativ sichere Territorien gewandert und hätten dabei die bekannten Zerstörungen angerichtet. Die mykenischen Palastanlagen indes, zumal sie ja stets auch große Lebensmittellager gewesen waren, seien von der ausgehungerten einheimischen Landbevölkerung und nicht durch die Eindringlinge vernichtet worden.

Diese Deutungen stimmen nachdenklich, und darin liegen ihr Verdienst und ihre Nützlichkeit. Aber das Problem bleibt doch dunkel, solange es an überprüfbaren Fakten mangelt. Weitere Ausgrabungen sind nötig, überzeugende Keramikfundstücke und, vor allem, präzisere chronologische Anhaltspunkte. Das heißt nicht wenig verlangen, selbst wenn die neuerdings durch die Radiokarbonmethode möglich gewordene zeitliche Bestimmung manche Frage klären hilft.

Eines jedenfalls ist gewiß: Im 12. Jahrhundert v. Chr. sinkt das östliche Mittelmeer auf den Nullpunkt der Geschichte oder doch beinahe auf den Nullpunkt zurück. Der Tauschhandel versiegt.

Jeder lebt sein beschwerliches Dasein für sich. Die beiden überlebenden Reiche haben jedwede Strahlkraft eingebüßt: Ägypten zieht sich in sich selbst zurück, in seine innere Zerrissenheit, und seine Geschichte verliert sich in den Dutzendinvasionen, von denen es fortwährend heimgesucht wird. Mesopotamien versinkt in kaum begreiflichen Turbulenzen; doch liegt nicht in seiner Offenheit jenen ungeheuren Welten gegenüber, Wüste und Gebirge, die es umgeben, auch sein natürliches Los? Die kanaanitische – nennen wir sie nun die phönizische – Küste steht immer noch im Magnetfeld dieser beiden Riesen, die aufeinander angewiesen sind und aus deren Begegnung das Seewesen an der schmalen libanesischen Küste von selbst hervorgeht. Mehr als anderswo blieb hier die Welt des Vorderen Orients lebendig, obschon zersplittert, »balkanisiert«, wie man sagen könnte. Zwergstaaten treten auf den Plan, ohne daß recht klar wird, weshalb, dann lösen sie sich wieder auf und verschwinden. So leuchtet ums Jahr 950 der Stern eines jüdischen Staates auf, der dann in zwei zerfällt: Judäa im Süden, Israel im Norden. Aber man müßte schon eine Lupe zu Hilfe nehmen, um die kurzen Laufbahnen dieser Staaten zu verfolgen. An der kanaanitischen Küste verschwindet Ugarit, Byblos sinkt herab, Sidon nimmt seine Stelle ein, und ums Jahr 1000 wird Tyrus zur vorherrschenden Stadt. Phönizien beginnt zu leben, dem Meere zugewendet, während ringsum der Krieg weiterwütet.

Ist es nicht verwunderlich, daß mitten in dieser undurchsichtigen Phase zwei einflußreiche Umwälzungen sich abspielten?

Zunächst die Verbreitung der Eisenmetallurgie. Entweder aus dem Kaukasus oder aus Kilikien stammend, wird das durch Beimischung von Karbon gehärtete Eisen lange Zeit ein Monopol der Hethiter bleiben. Vielleicht trug die Zersplitterung ihres Reiches dazu bei, daß Eisenschmiede, in den Augen der anderen Leute diabolische Figuren, in Gruppen umherzuziehen begannen? Doch die Verbreitung ging langsam vor sich. Zu etwas Alltäglichem wurde Eisen nicht vor dem 10. Jahrhundert, nachdem sein Preis in Mesopotamien gesunken war.

Die zweite Umwälzung ist das Erscheinen der alphabetischen Schrift. Im Bronzezeitalter war die Schrift im Vorderen Orient bekannt gewesen; in Ägypten die Hieroglyphen, in Kleinasien die Keilschrift, auf Kreta die Linearschrift A und die Linearschrift B (nur letztere gelang es zu entziffern; sie ließ eine mit dem Griechischen verwandte Sprache erkennen). Diese für den Gebrauch in Fürstenhäusern geschaffenen komplizierten Silbenschriften erforderten besondere Kenntnisse und wurden nur von Skribenten, wir würden sagen »Mandarinen«, beherrscht. Das einfachere Alphabet wurde zwischen dem 14. und dem 10. Jahrhundert v. Chr. in Syrien – *lato sensu* – ausgearbeitet. Eine Umwälzung, die in der Luft lag: es sollte die Skribenten und Fürsten vorbehaltene Schrift durch eine auch von eiligen Kaufleuten leicht erlernbare ersetzt werden, die sich außerdem auf verschiedene Sprachen anwenden ließe. Es ist nicht erstaunlich, wenn diese Anstrengungen gleichzeitig in zwei Städten unternommen wurden, beide ausgesprochene Handelsorte: Ugarit erfand ein Alphabet aus 31 Buchstaben, unter Gebrauch keilförmiger Schriftzeichen; Byblos eine Linearschrift aus 22 Buchstaben, die schließlich das phönizische Alphabet bilden sollte. Die Griechen übernahmen es, vermutlich im 8. Jahrhundert v. Chr., für ihre Sprache von den Phöniziern.

Das Alphabet wird sich nicht schneller über die Welt verbreiten als die Geldwirtschaft, die nach ihrer Entstehung im 7. Jahrhundert v. Chr. sehr lange brauchte, um den Tauschhandel abzulösen. Doch wer möchte dem ersten Alphabet oder der ersten Münze absprechen, sie seien bahnbrechende Erfindungen?

Der Wilde Westen des Mittelmeers

Mit dem 8. Jahrhundert kommt der Vordere Orient wieder zu Wohlstand. Die See ist wieder zum Leben erwacht, dank der Betriebsamkeit der Häfen Phöniziens und der griechischen Städte. Dank dieser Hafenstädte auch, dank ihrer Schiffe und ihrer Seeleute wird es zu einer regelrechten Eroberung des westlichen Mittelmeers kommen. Ist diese Kolonisierung einmal abgeschlossen, wird sich das geschichtliche Mittelmeer lückenlos von der Levante bis zu den Herkulessäulen erstrecken.

Man hat diesen Aufbruch westwärts mit Beginn im 8. Jahrhundert vor der christlichen Zeitrechnung mit der Kolonisierung des amerikanischen Kontinents von Europa aus (nach 1492) verglichen. Eine einleuchtende Gegenüberstellung. In beiden Fällen handelt es sich um Kolonisationen über weite Entfernungen, auf Neuland aus, das jedoch nicht unbesiedelt ist. Das »präkolumbianische« Amerika hat seine Urbewohner, der Wilde Westen des Mittelmeerraums seine durch den Ackerbau bereits seßhaft gewordene Bevölkerung. An den Küstenstreifen werden auf friedlichem oder unfriedlichem Weg neue Städte gegründet, im Rücken das weite Land, das sich je nachdem neugierig und beteiligungshungrig oder feindselig und unberechenbar gebärdet. Aber mehr noch denkt man an Amerika deshalb, weil die Siedler in diesen fernen Ländern bessere Lebensbedingungen vorfanden als in Griechenland oder Phönizien. Im Westen ist alles größer, ergiebiger. Man sehe nur die Kette griechischer Städtegründungen in Sizilien, Agrigent, Selinunt, mit ihren grandiosen Monumenten; Karthago, die »Tochterstadt«, ist zu ihren Glanzzeiten zehnmal größer als Tyrus, ihre Mutterstadt.

Drei Seestraßen längs der Parallelkreise durchziehen das Mittelmeer von einem Ende zum anderen. Die erste folgt der Nordküste und hält sich bis Korfu (Kerkyra) ans griechische Festland mit seinen vorgelagerten Inseln. Von dort aus durchquert ein leichter Segler bei gutem Wind in einer knappen Tagesreise die Straße von Otranto. Dann geht es der italienischen Küste entlang bis zur Straße von Messina und durch diese aufs Tyrrhenische Meer oder weiter um Sizilien. Diese Seestraße ist seit mykenischen Zeiten als die der griechischen Seefahrt bekannt. Die Südroute führt an der Küste Afrikas entlang, von Ägypten bis Libyen und Kleinafrika. Am Ende des Wegs – bei den Herkulessäulen – öffnet sich die Straße von Gibraltar. Die dritte Route verläuft durch die Mitte des Meeres, mit einer Reihe Inseln als Stützpunkten: Zypern, Kreta, Malta, Sizilien, Sardinien, die Balearen. Auf dieser mittleren Meeresstraße setzt man sich unweigerlich den Gefahren der offenen See aus; trotzdem wurde sie von den Phöniziern ebenso häufig wie die südliche benutzt, bei Ausgrabungen auf den Inseln ist man auf die Spur ihrer Niederlassungen gestoßen. Sind die Phönizier als Seefahrer nicht Ausnahmeerscheinungen? »Deine Weisen, oh Tyrus«, sagt Ezechiel, »waren als Matrosen an Bord. [...] Übers offene Meer wurdest du von deinen Ruderern geführt.« Selbst nachts unterwegs, mit dem Kleinen Bären als Orientierungshilfe, sind die Phönizier Wegbereiter. Sie waren es, die den Wettlauf westwärts gewannen.

Phönizien und nur Phönizien

Früher wurde Altertumsgeschichte im Zeichen der Gräkomanie betrieben. Man bestritt hartnäckig die Möglichkeit einer phönizischen Priorität. Aber der bewundernswerte Victor Bérard (1864–1931), der sein Leben lang von den Vertretern der offiziellen Geschichtsschreibung der Phönikomanie bezichtigt wurde, hatte recht, und zwar mehr noch, als er selbst glauben mochte. Drei bescheidene Tatsachen genügen, um eine, wie es scheint, kaum bestreitbare Chronologie aufzustellen: zunächst die Entdeckung (1939) einer beschädigten Inschrift im Museum von Zypern, die übersehen worden war und die aufs 9. Jahrhundert v. Chr. datiert werden kann. Ihre Schrift läßt sich – und das ist die zweite Tatsache – mit einer ungewöhnlichen phönizischen Inschrift vergleichen, die auf Sardinien gefunden wurde und die sich heute im Museum von Cagliari befindet. Die gleiche Schrift, mithin dieselbe Zeit, meint ein Archäologe (1941); seitdem sind in Sardinien weitere Überreste ähnlicher Inschriften gefunden worden – das ist der dritte Komplex der frischen Argumente.

So gewinnt denn die These von Sabatino Moscati (1966) an

Wahrscheinlichkeit. Mindestens drei Jahrhunderte, nämlich das 11., 10. und 9., liegen zwischen dem Untergang Mykenes und dem ersten expansionistischen Aufbruch Griechenlands nach Westen. »Es liegt auf der Hand«, so Moscati, »daß die phönizische Expansion eingeschoben in dieses geschichtliche Vakuum stattfand.« Phönizien hätte sich also die vorübergehende Schwächung der »griechischen« Seefahrt zunutze gemacht, um das ferne Meer zu gewinnen. So wäre es schon vor den Griechen, in jenen »Jahrhunderten der Verdunkelung«, zu einer ersten Eroberung des Westens durch »Orientalen« gekommen. Ist nicht übrigens Phönizien von Natur aus dazu verurteilt, sich das Meer um jeden Preis dienstbar zu machen?

Ein der See überlassenes Land

Phönizien, das ist eine Kette kleiner Häfen, im Rücken die Berge, und die Städte kauern auf schmalen Landzungen, auf winzigen Inseln, so als möchten sie mit dem oft feindlichen Festland nichts zu tun haben. Tyrus, das heute durch Anschwemmungen mit dem Land verbunden ist, war auf einer engen Insel errichtet. Die Stadt fand dort, was sie brauchte: wirksamen Schutz, zwei Häfen, einen im Norden, der die Stadt mit Sidon verknüpfte, den anderen im Süden für den Verkehr nach Ägypten, schließlich eine im Meer sprudelnde Trinkwasserquelle, die aus dem Salzwasser hergeleitet wurde. Lebensmittel, Wein, Öl, Rohstoffe herbeizuschaffen, dafür waren die Seeleute zuständig.

Städte dieser Art können nur von Handel und Gewerbe leben. Um die fehlenden Lebensmittel im Ausland erwerben zu können und dem davon herrührenden Handels-Ungleichgewicht entgegenzuwirken, müssen die phönizischen Städte die Erzeugnisse ihrer eigenen Wirtschaftstätigkeit in Umlauf bringen und exportieren. Es gibt hier Handwerker, Eisen- und Goldschmiede, Schiffbauer. Ihre Wollstoffe stehen in hohem Ansehen, ebenso ihre Farbstoffe, von Rosa über Purpur bis Violett, die aus Muschelsaft gewonnen werden. Zudem sind die phönizischen Städte aufgrund ihrer Standorte wie geschaffen für die Imitation von Produktformen, Stilen und Techniken, zum Beispiel der blauen Fayence und der vielfarbigen Glaswaren Ägyptens. Was sie nicht daran hindert, unterschiedslos auch mit ausländischen Produkten Handel zu treiben.

Die ganze Levante gerät in die Fänge der phönizischen Geschäftsinteressen, sie werden bis zum Roten Meer ausgedehnt, okkupieren den Indischen Ozean. Ist erst der Westen als Kunde gewonnen, bis hin nach Gibraltar, fahren die Phönizier unerschrocken auf den Atlantik hinaus. Einer Bibelstelle scheinen wir entnehmen zu können, daß ein von König Salomo ausgesandtes und mit der phönizischen Flotte segelndes Schiff ins ferne Spanien gelangt, nach Tartessos, von wo es nach drei Jahren zurückkehrt. Entscheidende Faktoren für diese Erfolge waren der Mut und die Geschicklichkeit der Seeleute. Doch auch die Technik hatte daran ihren Anteil, insbesondere, laut P. Cintas, die Anwendung von Bitumen aus dem Toten Meer, um die Schiffsrümpfe zu kalfatern. Bitumen wurde übrigens auch in Karthago zum Teeren der Außenwände der Lehmhäuser gebraucht – Plinius erwähnt die »Pechdächer« der Stadt. Das erklärt die schreckliche Feuersbrunst 146 v. Chr. Hätten die Römer sonst die weitläufige Stadt bis auf die Grundmauern niederbrennen können? Bitumen ist ein erstklassiger Brennstoff, und der Altertumsforscher stößt heute auf Ablagerungen davon in der Ascheschicht, unter der die punische Stadt begraben liegt.

Karthago oder die Neuausgabe Phöniziens

In der Verbindung zwischen Tyrus und Spanien war Karthago lange Zeit nur ein Bindeglied gewesen. Phönizien nahm die Rolle der Metropole wahr. Aber im 7. Jahrhundert gerät das System durcheinander.

Die Phönizier treffen im Mittelmeer nicht mehr wie zur Zeit

ihrer ersten Erfolge auf ein Vakuum, sondern auf die Konkurrenz der Etrusker und der Griechen. Außerdem ist Phönizien Angriffen der Assyrer ausgesetzt, die sich im Jahre 709 auf Zypern niederließen. Arados, Byblos, Sidon und Tyrus leisten Widerstand, doch mit der Besetzung Ägyptens durch die Assyrer (671) ist alles verloren. Die phönizischen »Stadtkönige« geben sich geschlagen. »Yakimlu, der König von Arados, welches mitten im Meere liegt [tatsächlich ist Arados auf einer Insel erbaut], der sich meinen königlichen Ahnherren nicht unterworfen hatte«, heißt es in einem Text von Assurbanipal, »ich habe ihn unter mein Joch gezwungen. Er brachte mir persönlich seine Tochter samt reicher Mitgift nach Ninive, mir zur Liebe zu Diensten zu sein, und küßte meine Füße.« Auch der »Baal« von Tyrus gab wohl eine seiner Töchter und seine Nichten her, selbst seinen Sohn, der indessen von Assurbanipal zurückgewiesen wurde. Im Jahre 574, als das assyrische Reich seit über dreißig Jahren niedergerungen war und man hätte aufatmen können, wurde Tyrus vom Babylonier Nebukadnezar eingenommen.

Diese Kriege, die Unruhen in den Städten und die Unterbrechungen der Handelsbeziehungen mehren den Einfluß Karthagos. Schließlich verlagert sich das Zentrum des phönizischen Lebens dorthin, geradewegs an die Nahtstelle der beiden Mittelmeersphären. Und die Zivilisation der Phönizier dauert dort fort, ähnlich und doch anders als später die europäische Kultur in Amerika.

Zu dem Wandel trugen sowohl die räumliche Entfernung als auch die Vermischung der ethnischen Gruppen in der Stadt bei. Karthago als neue Stadt, aufstrebend im »amerikanischen« Stil, war für solche Mischungen vorzüglich geeignet. »Amerikanisch« ist sie auch durch ihre bodenständige Kultur, die, allem Raffinement abhold, sich ans Solide hält. Ihre Dynamik lockte Seeleute, Handwerker und Söldner aus allen Himmelsrichtungen an. Darin gründete der Kosmopolitismus der Stadt.

Ihr Alltag indessen spiegelte weiterhin den phönizischen Habitus. In erster Linie, weil sie zum Meer hin und vom Meer lebte.

Sie setzte sogar Tyrus' Tradition der Entdeckungsreisen zur See fort. Dessen Seefahrer hatten im Auftrag des Pharaos Nechao ums Jahr 600 vermutlich ganz Afrika umsegelt. Auf der Suche nach Zinn erkundeten karthagische Schiffe unter der Führung Himilkons um 450 die europäische Atlantikküste bis zu den heutigen Britischen Inseln. Ein Vierteljahrhundert später unternahm Hannon, diesmal südwärts und auf der Spur des Goldes, Fahrten an der afrikanischen Atlantikküste, bis auf die Höhe des heutigen Gabun und Kamerun.

Im Unterschied zu den Städten Phöniziens hatte Karthago jedoch keine bedrohlichen Großreiche im Rücken. Die kleinen Häfen an der afrikanischen Küste, die es nach und nach in die Hand bekam – Collo, Dschidschelli, Algier, Cherchell, Guraya, Tenes, zunächst nur einfache Handelsniederlassungen –, wurden Marktorte oder Städte, die intensive Beziehungen zum Hinterland pflegten. Karthago und diese Seehäfen lebten mithin zunehmend in Symbiose mit Nordafrika. Kaum aus der Steinzeit heraus, übernimmt Nordafrika nahezu alles von seinen Lehrmeistern: Früchte (Ölbaum, Weinstock, Feigen-, Mandel- und Granatapfelbaum), Anbaumethoden, Weingärung und eine Vielzahl handwerklicher Techniken. Karthago war die Lehrmeisterin, und sein Einfluß war nachhaltig. Zur Zeit des Augustinus, als das Römische Reich zusammenbrach, sprach die afrikanische Landbevölkerung noch immer punisch, und die Leute nannten sich Kanaaniter: »Unde interrogati rustici nostri quid sint, punice respondentes Chanani ...«

Zwischen Tauschhandel und Geldwirtschaft

Karthago hat aus seiner Schlüsselstellung zwischen den beiden Mittelmeersphären, der westlichen und der östlichen, und aus deren enormem wirtschaftlichen Ungleichgewicht gewiß Nutzen gezogen. Der Westen ist barbarisch, unentwickelt. Bei seiner Ausbeutung kommt Karthago billig weg. Es schürft Metalle,

Zinn auf den Kassiteriden und in Nordwestspanien, Blei, Kupfer und vor allem Silber in Andalusien und Sardinien, Goldstaub in Schwarzafrika – und holt sich auch Sklaven, wo immer es ihrer habhaft werden kann, selbst auf hoher See. Der karthagische Händler führt sowohl eigene als auch fremde Erzeugnisse im Westen ein, zudem Gewürze und Drogen, die auf dem Weg über das Rote Meer aus Indien kamen. Der Handel beruht auf Tausch. Geldwirtschaft entsteht nicht vor dem 5. Jahrhundert, zunächst im punischen Sizilien, erst im 4. Jahrhundert in Karthago selbst. Soll man sich darüber wundern? Bereits in Sidon und Tyrus hatte es Geldverkehr gegeben. Nur eine Erklärung ist möglich: Karthago war darauf nicht angewiesen. Das gleiche wird man *mutatis mutandis* in China beobachten: wie erfinderisch es auf diesem Gebiet auch war – früh schon kannte es das Kunstmittel des Geldes, sogar des Papiergeldes –, so machte es doch lange Zeit keinen Gebrauch davon. War es nicht wie Karthago von unerschlossenen Wirtschaftsräumen umgeben, Japan, Indochina, die Insulide, die leicht zu beherrschen waren und die Tauschhandel trieben?

Das will nicht besagen, das Fehlen einer Geldwirtschaft habe sich wirtschaftlichen Konkurrenten gegenüber letztlich nicht doch als Schwäche erwiesen. Eine mögliche Erklärung für den unverkennbaren wirtschaftlichen Aufstieg der Griechen vom 5. Jahrhundert an – auch in Karthago selbst, das von dem Flitterwerk seiner Konkurrenten gebannt war – ist deren Überlegenheit im Währungsbereich.

Manche Schriftsteller wundern sich darüber, wie schwach entwickelt das karthagische Hüttenwesen war, wo die Stadt doch so viele Erzadern kontrollierte. Im Kraft- und Machtspiel seiner Seefahrt befangen, habe Karthago den Fehler begangen, dem Schwung seines Handels nachzugeben und sich allzu nachdrücklich dem Verkauf fremder Erzeugnisse zu widmen. Aber ist das wirklich eine Schwäche? Die Holländer, ebenfalls see-erfahren und im 17. Jahrhundert Herren über Europa, werden es nicht anders halten, werden hier ankaufen, dort weiterverkaufen. Gleich ihnen waren die Karthager Transporteure, Zwischenhändler, die mit der einen Hand erwarben, was sie mit der anderen wieder veräußerten. Gleich ihnen verstanden sie es, ihre Positionen zu wahren, insbesondere ihr Monopol über die spanischen Minen (die den Etruskern und Griechen sowie später den Römern verwehrt blieben), und unternahmen alles Erdenkliche zum Schutze ihrer Seehäfen, ihrer Luxusindustrien und des mächtigen Getreidegroßhandels.

Freilich, gegen die ungeheure Ansteckung, in deren Verlauf der gesamte Mittelmeerraum hellenisiert wurde, war die große Stadt, waren ihr Alltag und ihre Geschäftstüchtigkeit nicht gefeit. Ist es nicht phönizische Tradition, dem jeweils herrschenden Stil (einst dem ägyptischen) zu folgen? Der Einfluß der hellenischen Formenwelt ist sowohl an der phönizischen Küste als auch in Karthago unverkennbar. Karthago adaptierte kurzerhand das griechische Muster des Hausbaus (mit dem Innenhof), die verzierten Vasen, die Zementherstellung, die Sarkophage und, natürlich, Götter (Demeter und Kore, um 396), aber auch pythagoreische Erkenntnisse. Das Beispiel Alexanders des Großen wird Hamilkar befeuern, den Vater Hannibals, als er sich zur Unterwerfung Spaniens anschickt. Hannibal selbst ist nachhaltig von griechischer Kultur geprägt. Und sogar der militärische Gebrauch mit bunten Stoffen bedeckter Elefanten, die der Schrekken der römischen Soldaten sind, ist eine Anleihe bei der hellenischen Welt.

Ansicht der Stadt

Das Ende Karthagos, seine Zerstörung durch die Römer 146 v. Chr., war kein gewöhnliches Ende. Die Stadt wurde durch Brandstiftung dem Erdboden gleichgemacht. Danach wurde an Ort und Stelle eine römische Stadt erbaut, so daß es der Archäologie kaum möglich ist, das Leben der karthagischen Gesellschaft zu rekonstruieren.

Von der Stadt selbst, auf der Anhöhe von Byrsa gelegen, läßt sich kaum noch ein Begriff machen, von ihren Tempeln, ihren hohen, mehrstöckigen Häusern, wie sie fast alle phönizischen Städte kennzeichnen, ihren Zisternen und der Quelle der »tausend Amphoren«, deren schöne Gewölbe trotz beträchtlicher römischer Eingriffe die einzige authentische Botschaft karthagischer Baukunst sind.

Immerhin wurde bei neueren Ausgrabungen drei oder vier Meter unter dem römischen Karthago ein punisches Stadtviertel freigelegt. Dabei hat sich herausgestellt, daß Karthago rechtwinklig angelegte, durch Treppen miteinander verbundene Straßen besaß und über eine jener der sizilianischen Städte ähnliche Kanalisation verfügte.

An Salammbos Gestade die beiden Häfen – ein Doppelhafen wie viele andere im Altertum: Knidos, Delos, ein Dutzend weitere –, der rechteckige, wo die Handelsschiffe anlegen, dahinter der kreisförmige, in dem die Kriegsschiffe gelegentlich aufs Trockene gezogen werden, unter die Gewölbe des Arsenals.

Gewaltige, landwärts zwei- oder dreifach geführte Mauern rahmen die auf der Byrsa errichtete Festungsstadt, ihre um den Hafen gescharten volkreichen Viertel. Der Marktplatz auf halbem Weg zwischen Hafen und Byrsa läßt an eine Agora denken. Im Norden, in der Vorstadt Megara, liegen Gärten, Obsthaine und vornehme Villen verstreut. Die Stadt ist außerordentlich bevölkerungsreich, zählt wohl an die 100 000 Einwohner. Neben einigen Reichen, die auch die Regentschaft innehaben, wohnt hier die Plebs, Handwerker und Handlanger, Sklaven, Seeleute und Söldner.

Die Landschaften um die Stadt sind wunderschön. Offensichtlich beweisen die Reichen Sinn für prachtvolle Gärten, veredelte Bäume, erlesene Tiere. Ein karthagischer Agronom, Magon, von dem uns Teile seiner Schriften indirekt überliefert sind, gibt hundert Ratschläge zum Weinbau, zum Schutz der Rebe vor der Trockenheit, zur Herstellung vorzüglicher Weine, zur Kultur des Mandelbaums, zur Konservierung von Granatäpfeln in Tongefäßen, zur Züchtung von Rinderrassen, usw. An die Adresse der Besitzer von Landgütern richtet er die vielsagende Empfehlung: »Wer ein Stück Land erworben hat, sollte sein Haus verkaufen, er müßte sonst befürchten, seine Stadtwohnung dem Landsitz vorzuziehen.«

Im Zeichen Tanits

Was bei den Ausgrabungen in Karthago zum Vorschein kam, waren Tausende eingeäscherter oder beerdigter Toter sowie die Gegenstände, die ihnen ins Grab mitgegeben worden waren. Auf unzähligen Stelen oder Grabsäulen finden sich, monoton wiederholt, die Namen der Götter. Das ist wenig, sehr wenig, um dem Kern einer Religion nahezukommen, deren Fremdartigkeit die Römer mit Entsetzen erfüllte (und sie entsetzten sich nicht nur auf Bestellung) und deren Mythologie wir ebensowenig kennen wie ihre Theologie oder ihre »Weltanschauung«. Erst recht wenig, da wir auch über die Religion der Phönizier, aus der die der Karthager hervorging, Verläßliches kaum wissen.

Das phönizische Pantheon wird, allgemein ausgedrückt, von einer Dreiheit beherrscht, zu der unter von Stadt zu Stadt wechselnden Namen ein König der Götter, eine Muttergöttin der Fruchtbarkeit und ein junger Gott zusammengefaßt werden, dem es beschieden ist, alle Jahre neu geboren zu werden, zu sterben und wiedergeboren zu werden, so wie die Pflanzen im Laufe der Jahreszeiten. Diese Religion ist in uralten semitischen Vorstellungen verwurzelt, einer erdnahen, Gebirge und Wasser verhafteten Vorstellungswelt, und in einfachen, grausamen Riten, wie sie einst von Nomadenvölkern zelebriert wurden.

In Karthago beruht das religiöse Leben anfänglich auf dem tyrischen Modell. Der mächtigste Gott ist Baal Hammon; die Muttergöttin, Schwester der mesopotamischen Astarte oder Ischtar, ist früh schon Tanit, deren anderswo so gut wie unbekannter Name ein unlösbares Problem bildet; bei dem jungen Gott, Gott der Sonnenscheibe oder des Pflanzenreichs, handelt es sich entweder um den Melkart der Tyrer oder um Eschmun, Gott des Heilens, der mit Apollo und Äskulap eins ist, so wie Melkart in der Folge mit Herakles. Im Wettbewerb der beiden Kulte vermag keiner den anderen vollständig zu verdrängen. Melkart wird der Inbegriff der großen Götterfamilie der Barziden, in der oft als Reflexe seines Namens jene Bomilkars und Hamilkars erscheinen. Der Eschmun-Tempel auf der Akropolis von Byrsa, der schönste Karthagos, wird 146 die letzte Bastion der Verteidiger sein.

Ganz eigentümlich an der karthagischen Religion ist der Kult um Tanit, der im 5. Jahrhundert die Verehrung des alten Gottes Baal Hammon aussticht. Karthago steht fortan »im Zeichen Tanits«: einem Dreieck, darüber einem Kreis, und die beiden Figuren getrennt durch eine waagrechte Linie. Das Ganze gemahnt an eine menschliche Gestalt, vor allem wenn die waagrechte Linie an den äußeren Enden nach oben gebogen ist wie zwei erhobene Arme.

Außer Zweifel steht, daß die karthagische Religion etwas Anmaßendes, Bedrückendes hatte – eine lästige, eine Schreckens-Religion. Menschenopfer – deren sie immer wieder von den Latinern bezichtigt wurde – waren der Brauch; im »Tophet«, der geweihten Stätte Salammbos, sind Tausende von Tongefäßen zum Vorschein gekommen, die die ausgeglühten Gebeine von Kindern enthielten. Wenn es darum ging, eine Gefahr zu bannen, brachte Karthago seinen Göttern die Söhne seiner vornehmsten Bürger zum Opfer, beispielsweise, als Agatokles im Dienste von Syrakus den Krieg auf Karthagos Boden trug. Nachdem erlauchte Bürger das Sakrileg begangen hatten, ihre eigenen Söhne durch gekaufte Kinder zu ersetzen, wurde zur Sühne die Opferung von zweihundert Kindern angeordnet.

Wird der Name Karthagos durch das Blut der Opfer besudelt? Tatsache ist, daß alle frühen Religionen solche Praktiken kannten. Karthago unterscheidet sich darin nicht von den Kanaanitern in Byblos oder den Semiten in Israel – schickte nicht Abraham sich an, Isaak zu opfern? Eigenartig ist indessen, daß die

Wirtschaft Karthagos der Zukunft entgegeneilt, während sein religiöses Leben Jahrhunderte und Aberjahrhunderte nachhinkt, und daß selbst »revolutionäre« Geschehnisse – Tanits Aufstieg im 5. Jahrhundert – es nicht von dieser unmenschlichen, Terror säenden Götterfurcht befreien. Der Kontrast zur griechischen Offenheit, die den Menschen mit der Außenwelt in Einklang bringt, ist augenfällig. Hier dagegen wird eine intensive Geschäftstätigkeit – in »kapitalistischem« Geiste, sagt unumwunden ein Historiker – mit einer rückständigen religiösen Haltung ausgesöhnt. Wie hätte Max Weber darüber gedacht?

Zwei Mittelmeerhälften

Wir haben die Gründe genannt, aus denen wir die phönizische Expansion beleuchten und in den Vordergrund rücken zu sollen meinten, bevor sie in den folgenden Kapiteln der Betrachtung der besser bekannten Kolonisation der griechischen Städte weichen muß. Ein weiterer Grund ist freilich, daß die Geschichte Phöniziens signifikant über sich hinausweist.

Tatsächlich bildet sie lediglich ein Kapitel der Geschichte jener anderen Mittelmeersphäre, die sich entlang den Sahara-Gestaden erstreckt, vom Vorderen Orient bis zu den Herkulessäulen, ein Sachverhalt, der von der Geschichtsschreibung oft nicht in seiner Eigenart und Einheit erfaßt wird und der andere Landstriche und andere menschliche Wirklichkeiten hervortreten läßt als die Landschaften und Menschen der klassischen mediterranen Welt, der griechischen und römischen, aus der heraus der Okzident entstehen wird, unser Mittelmeer. Die Unterwerfung Ägyptens durch die Assyrer 671 v. Chr. markiert den ersten gelungenen Versuch, den »Orient« als Raum zu vereinigen. Das zweite Unternehmen dieser Art, weitergreifend, auch von längerer Dauer, ist die Eroberung Ägyptens durch die Perser 525 v. Chr. Wenn man nun zum »persischen Riesen« den karthagischen Raum hinzufügt, dann hat man genau die Umrisse der Welt vor sich, die die islamische werden wird und heute noch ist. Der phönizische Raum ist der Meeresfühler der Expansion des Vorderen Orients.

Zu einer bestimmten Zeit wäre es einer orientalischen Kräfteliga möglich gewesen, den gesamten Mittelmeerraum in den Griff zu bekommen. Die Städte der Griechen, die über die ganze Weite des Meeres direkte Gegenspieler der Phönizier waren, wehrten sich unermüdlich gegen die Gefahr einer solchen Eroberung. Dennoch brachten erst die Römer 146 v. Chr. die nötige Kraft auf, um das Unterfangen zu zerschlagen, Karthago niederzuwerfen und sich selbst schließlich als Eroberer dem Nahen Osten zuzuwenden.

Aber Rom entstand nicht in einem Vakuum. Eins nach dem anderen unterwarf es die Völker – und oft von innen heraus –, welche die griechischen und phönizischen Kolonisatoren nur von weitem, von der italienischen, gallischen und iberischen Küste aus beobachtet hatten; Völker, von denen man wenig weiß, einesteils deshalb, weil sie rasch in der römischen Kultur aufgingen, andernteils weil sich die Geschichtsforschung lange Zeit nur beiläufig für diese »Barbaren« interessiert hat, die zwar Ackerbau und Viehzucht kannten, aber zur Zeit des mesopotamischen und ägyptischen Reichs, Trojas und Kretas, der Kanaaniter und Hethiter weder ihre eigene urbane Umwälzung abgeschlossen noch die des Seehandels im Vorderen Orient oder die der Schrift geteilt hatten.

Von da zu der Ansicht, was sie an Bemerkenswertem hinterlassen haben, seien nur Anleihen beim »zivilisierten« Osten, ist es nicht weit, wiewohl ein Fehlschluß, wie die neue, auf der Radiokarbonmethode beruhende Chronologie gezeigt hat. So erweisen sich heute die beeindruckenden Tempelbauten auf Malta, die Nuragen auf Sardinien und den Balearen, die Mauerwerke und die großen megalithischen Grabstätten in Südspanien, ganz zu schweigen von den bis nach Dänemark und Norwegen entlang der ganzen Atlantikküste verstreuten Megalithen – also all das, was man als Widerschein eines »mykenischen Einflusses« oder als Ergebnis einer ersten sporadischen Besiedlung gedeutet hat, die im 2. Jahrtausend vom Vorderen Orient aus erfolgt sei – als vor den Mykenern entstanden, mitunter älter sogar als die Monumente Ägyptens. Colin Renfrews herausforderndes Buch über diese europäische Urzivilisation spricht davon auf überzeugende Weise.

Für die wirkliche Präsenz dieser Völker sind beispielhaft jene Ausgrabungen aufschlußreich, die seit nunmehr zehn Jahren auf Sardinien vonstatten gehen, jener Insel, die heute noch abseits steht und deren erstaunliches künstlerisches Schaffen im 1. Jahrtausend v. Chr. (insbesondere die ausdrucksvollen Bronzestatuetten) die Archäologen gerade seiner Eigenartigkeit wegen stets vor Probleme gestellt hat. In Tharros, wo die Phönizier einen wichtigen Stützpunkt besaßen, ist jüngst eines jener Heiligtümer entdeckt worden, die der Opferung von Kindern dienten, sowie gigantische Mauern, die die Stadt abschirmten – allerdings nicht vom Meer, woher sie nichts zu befürchten hatte, sondern landwärts. Mehr noch, man ist auch im Landesinnern auf eine Reihe Festungen gestoßen, die belegen, daß die Phönizier die Kernzone Sardiniens mit ihren Silberminen in die Hand zu bekommen trachteten, was ihnen nur gelang, indem sie eine Art befestigte Grenze gegen die Urbevölkerung errichteten. Tatsächlich stand auf der anderen Seite dieser Befestigungslinie ein Volk mit einer sehr alten Kultur, das einst die großartigen Nuragen gebaut hatte, jene Wachttürme, von denen aus man den Horizont überblickte.

Die sardische Bevölkerung verteidigte somit ihre materielle und kulturelle Unabhängigkeit. Die kürzlich auf Sardinien gefundenen kleinen phönizischen Bronzen zeigen ganz klar, daß die berühmte Kunst der sardischen Bronzegießer ihren Ursprung phönizischer und karthagischer Anregung verdankt, vielleicht sogar deren metallurgischen Techniken. Doch sie formten daraus etwas Eigentümliches, eine Kunst, die, nichts weniger als eine Imitation, eine zähe und unabhängige Kultur in ihre eigene Sprache übersetzte.

Fernand Braudel

Die Geschichte

Die Geschichte der mediterranen Welt in ihrem ganzen Verlauf: sechs bis zehn Jahrtausende von Archäologen und Historikern zerlegte, in Widersprüche aufgelöste, emsig erforschte menschliche Entwicklung in einem Großraum, das ergibt eine Datenfülle, die jeder vernünftigen Synthese trotzt. Die Vergangenheit dieses geographischen Raums ist ein ebenso dichtes historisches Geflecht, wie die Geschichte des fernen China es ist.

Vorrang den Zivilisationen.

Will man unbedingt einen kurzen Überblick geben, so wird man einem Leitfaden folgen müssen. Welchem indessen, das entscheidet man am besten, indem man zunächst das Mittelmeer selbst sprechen läßt, die heutige mediterrane Welt, um zu erkennen, was das Wesentliche an ihr ist, woher ihr ersichtliches Gleichgewicht und daher wohl auch die Gleichgewichte ihrer Vergangenheit rühren. Eine Antwort auf diese Frage ist rasch und unzweideutig möglich. Abgesehen von seiner gegenwärtigen staatlichen Gliederung ist die Mittelmeerwelt die Konfiguration dreier kultureller Gemeinschaften, dreier großer und dauerhafter Zivilisationen, dreier grundlegender Lebensstile, Denkentwürfe, Glaubensweisen, Alltagspraktiken. Wahrhaftig drei Riesen, die stets bereit sind, ihre Zähne zu zeigen, drei Figuren, deren Schicksal kein Ende hat und die zumindest seit Jahrhunderten und Aberjahrhunderten ihren Platz behaupten. Ihre Grenzen verlaufen über Staatsschranken hinweg, denn diese sind für sie bloße Kostümierung, lediglich ein Gewand.

Nur im langen Atem des Schicksals dieser Zivilisationen läßt sich die mediterrane Geschichte durch sämtliche Wechsel- und Zufälle hindurch ununterbrochen vernehmen.

Drei Zivilisationen: da ist einmal der Okzident, vielleicht besser: die christliche Welt, genauer: die römische Welt, denn Rom war und ist das Zentrum dieses alten lateinischen, dann katholischen Universums geblieben, das sich bis in die protestantische Welt hinein ausdehnt, bis zum Ozean und zur Nordsee, an Rhein und Donau, an deren Ufern die Gegenreformation ihre Barockkathedralen errichtet hat, jede einzelne gleichsam ein Wachtposten, und bis auf die andere Seite des Atlantiks, so als wäre es Rom in der Neuzeit beschieden, das Reich Karls V., in dem die Sonne nie unterging, in seinem ewigen Wandel zu bewahren.

Der zweite Kulturkreis ist der Islam, auch er unermeßlich groß, von Marokko über den Indischen Ozean hinaus bis zur Insulinde reichend, die von ihm im 13. Jahrhundert nach Beginn der christlichen Zeitrechnung zum Teil erobert und bekehrt wurde. Der Islam dem Okzident gegenüber, das ist wie Hund und Katze, man könnte sagen: ein Gegen-Okzident, mitsamt den Zweideutigkeiten, die jeder tiefe Gegensatz in sich birgt, der zugleich Rivalität, Feindschaft und Austausch ist. Germaine Tillion spricht von »komplementären Gegnern«. Und was für Gegner und Gegenspieler, was für Rivalen! Was der eine tut, tut alsbald der andere. Der Okzident erfand und unternahm die Kreuzzüge, der Islam tat dasselbe im Heiligen Krieg. Für die Christenheit führen alle Wege nach Rom, für die Mohammedaner nach Mekka und ans Grab des Propheten, durchaus kein unsinniges Zentrum, denn der Islam verbreitet sich über die Wüsten bis tief nach Asien, er allein konstituiert die durch die Wüste verlängerte »andere« mediterrane Welt.

Heute ist nicht sogleich offensichtlich, wer sich hinter der dritten Figur verbirgt. Es ist das griechische, das orthodoxe Universum: die Balkanhalbinsel, Rumänien, Bulgarien, fast ganz Jugoslawien und Griechenland selbst mit seiner Fülle von Erinnerungen, in denen das antike Hellas nochmals wach wird, und nicht zuletzt, unbestreitbar, das gewaltige orthodoxe Rußland.

Welches Zentrum läßt sich hier erkennen? Konstantinopel, das zweite Rom, mit der Hagia Sophia in seinem Kern? Aber Konstantinopel ist seit 1453 Istanbul, die Hauptstadt der Türkei. Der türkische Islam hat sich ein Stück Europa bewahrt, nachdem er auf seinem Höhepunkt die gesamte Balkanhalbinsel beherrscht hatte. Und daneben hat ohne jeden Zweifel ein weiteres Zentrum seine Rolle gespielt: Moskau, das dritte Rom ... Aber auch Moskau ist nicht mehr der strahlende Pol der Orthodoxie. Ist die orthodoxe Welt heute eine vaterlose Gesellschaft?

Durch die Jahrhunderte zurück

Natürlich, wie könnten die Zivilisationen auch etwas anderes als hervorragende Wegweiser sein? Sie führen durch die Zeit, sie sind Herren über ihren Lauf. Sie bleiben an Ort und Stelle, unerschütterlich, während der Film der Geschichte abläuft. Auf gewisse Weise ebenso unerschütterlich beherrschen sie auch den Raum, denn das Territorium, das sie einnehmen, mag in seinen Umrissen veränderlich sein, doch im Kern bleibt ihr Wirkungskreis, bleibt ihr Wohnsitz derselbe. Wo sie zu Zeiten Cäsars oder Augustus' waren, sind sie auch noch zu Zeiten Mustafa Kemals oder Oberst Nassers. Unbewegt in Raum und Zeit – oder jedenfalls beinahe unbewegt.

Diese Bewegungslosigkeit verwurzelt die Zivilisationen in einer weiter zurückliegenden Vergangenheit, als es auf den ersten Blick scheint, und die Zeit, die Dauer hat sich zwangsläufig in ihnen festgesetzt. Die römische Welt hat ihren Ursprung nicht in Christus. Der Islam hebt nicht im 7. Jahrhundert mit Mohammed an. Und die orthodoxe Welt beginnt nicht mit der Gründung Konstantinopels im Jahre 330. Denn eine Zivilisation ist etwas Kontinuierliches, und wenn sie sich ändert – selbst so gründlich, wie das eine neue Religion bewirken mag –, dann sitzen die alten Werte doch in ihr fest, bleiben durch sie lebendig, sind ihre Substanz. Die Zivilisationen sind nicht sterblich, wie immer Valéry auch darüber gedacht hat. Sie überleben ihren Wandel und ihre Katastrophen. Bisweilen gehen sie verjüngt aus ihrer Asche hervor. Zerrüttet oder zumindest verwundet, atmen sie gleichwohl weiter: leise und oft in neuem Rhythmus.

Zum Beispiel die griechische Zivilisation. Sie nimmt um das 8. Jahrhundert v. Chr. erste Umrisse an, damals entstand sie, in der Folge der Zerstörungen und Invasionen, die sie auf den Nullpunkt der Geschichte zurückgeworfen hatten. Und sie dauert, vorsichtig ausgedrückt, seit nunmehr drei Jahrtausenden an ... Und in diesem langen Verlauf: wie viele Unglücksfälle, welche Krisen, welche Einbrüche! Griechenland und die hellenische Welt wurden von den römischen Legionen unterworfen. Aber mit der Gründung Konstantinopels durch Konstantin, 330 n. Chr., finden die Besiegten wieder aus ihrem Untertanenstatus heraus, in dem sie vier oder fünf Jahrhunderte lang gefangen gewesen waren. So hebt ein christliches Reich an, das die Ausdehnung des römischen haben wird. Und als dieses 395 in zwei Teile zerbricht, einen »pars orientis«, aus dem das Byzantinische, das Oströmische Reich hervorgeht, und einen »pars occidentis«, der von den Barbaren zerschlagen wird, steht Griechenland wieder allmächtig da und wird so beinahe ein Jahrtausend überstehen, nämlich bis es 1453 von den Türken erobert wird, womit einmal mehr alles in Frage gestellt scheint. Und doch werden im 19. Jahrhundert – mit russisch-orthodoxer und europäischer Unterstützung – in einem regelrechten Kreuzzug diese christlichen Balkanvölker, eins nach dem anderen, wieder befreit werden.

Was hier über das orthodoxe Universum gesagt worden ist, kann *mutatis mutandis* für die beiden anderen Figuren wiederholt werden: für Rom und für Mekka. Für Rom ist die Geburt Christi der Springpunkt. Für den Islam ist es die Flucht Mohammeds von Mekka nach Medina am 16. Juli 622. Aber der Okzident ist nur die Fortsetzung der lateinischen Welt, deren Sprache, Geist, Recht und anderes mehr er übernommen hat. Und der Islam ist in seinen Ursprüngen zweifellos das von Karawanen durchquerte wüste Arabien, das eine lange Vergangenheit hinter sich hat; vor allem besteht er aus den Ländern, die von den arabischen Reiterscharen und Kameltreibern mühelos erobert wurden: Syrien, Ägypten, Iran, Nordafrika. Der Islam ist der Universalerbe des Vorderen Orients, seiner Kulturen, Wirtschaftsformen, uralten Wissenschaften. Das Herz des Islam ist die Zone um Mekka, bis Kairo, Damaskus und Bagdad. Man hört oft, und die Formel ist auch zu schön: Islam gleich Wüste. Aber man müßte ergänzen: Islam gleich Vorderer Orient. Was das ganze fabelhafte Erbe mit einschließt, also eine Reihe zusätzlicher Jahrhunderte.

Widerhall der Geschichte

Keine Frage, die Welt des Mittelmeers ist voller lebendiger geschichtlicher Erinnerungen, voller aus der Ferne anklingender Geschichten und Signale aus scheinbar verblichenen, in Wahrheit immer noch regsamen Kulturen. Ich mag die Historiker, die steif und fest behaupten, Rom sei im 5. Jahrhundert unter dem Ansturm der Barbaren nicht untergegangen. Erstand das Römische Reich nicht mit Karl dem Großen, mit den Ottonen und mit dem, was man die Universalmonarchie Karls V. nennt, zu neuem Leben, wie so viele abendländische Humanisten es erhofften? Und unsere Zeitgenossen, die ein Europa der Völker und Kulturen wünschen, erträumen sie sich nicht bewußt oder unbewußt eine »pax romana«? Daß Rom Europa tief geprägt hat, ist offensichtlich, aber manches dauerhafte Kennzeichen wirkt gleichwohl überraschend. Als das Christentum sich im 16. Jahrhundert in zwei Teile spaltet, ist es da ein Zufall, daß die Trennung der Lager ziemlich genau entlang der alten Doppelgrenze des Römischen Reiches verläuft, diesseits und jenseits von Rhein und Donau?

Und ist es ein Zufall, wenn sowohl der Vordere Orient als auch der zweiteilige karthagische Einflußbereich, Nordafrika und Teile Spaniens, die Eroberung durch den Islam relativ lautlos über sich ergehen lassen? Wir haben es schon gesagt: Die punische Welt war eher bereit, die Kultur des Islam zu adaptieren, als sich dem römischen Gesetz anzupassen, denn die islamische Zivilisation redete nicht gänzlich in fremden Zungen, sie war eine Transformations- und eine transformierbare Kraft; sie schmiegte sich nicht nur dem Judentum, der Tradition Abrahams an, sondern einer seit langem dort ansässigen Kultur, ihren Sitten und Gebräuchen. Denn eine Zivilisation ist mehr als eine Religion, obschon diese das Kernstück aller kulturellen Ordnung bildet – Zivilisation ist Lebenskunst, sie besteht aus unzähligen wiederholten Verhaltensweisen. In *Tausendundeiner Nacht* besteht die Begrüßung eines Souveräns darin, »den Boden vor ihm zu küssen«. Aber dem ist auch schon so am Hofe des Partherkönigs Chosrau (531–579). Und selbst im 16. und 17., ja in noch späteren Jahrhunderten ist es das gebräuchliche Ritual, das die europäischen Botschafter in Istanbul, Isfahan oder Delhi in Verlegenheit bringt, so erniedrigend erscheint es ihnen für sie selbst und für den Regenten, den sie repräsentieren. Doch empörte sich nicht schon Herodot über die ägyptischen Sitten: »Mitten auf der Straße werfen sie sich zum Gruße voreinander auf die Knie, ein hündisches Gebaren, und lassen die Hände auf Kniehöhe hängen.« Man denke auch an die traditionellen Gewänder der Mohammedaner, deren Form sich mit der Zeit kaum veränderte. Schon in der Kleidung der alten Babylonier, wie sie vor zweieinhalbtausend Jahren derselbe Herodot beschrieb, erkennt man sie wieder: »Einmal tragen die Babylonier eine Leinentunika, die bis auf ihre Füße fällt [wir würden sagen: eine Gandourah, kommentiert E.-F. Gautier], und darüber eine zweite Tunika aus Wollstoff [wir würden sagen: eine Dschellaba]; darüber ziehen sie einen kurzen weißen Mantel [man könnte von einem kurzen weißen Burnus sprechen] und setzen eine Mitra auf [wir würden sagen: einen Fes oder Tarbusch].« Und in der nämlichen Weise ließe sich über das Haus sprechen (das vorislamisch ist), über die Nahrung, die Formen des Aberglaubens – die Fatimahand, das mohammedanische Äquivalent unserer »Schaumünzen und Skapuliere«, ziert schon die Grabsäulen der Karthager. Der Islam ist ganz offensichtlich mit dem geschichtlichen Grund und Boden des Nahen Ostens verwachsen. Ebenso wie die westliche ist auch die islamische Zivilisation eine »abgeleitete«, um die Terminologie Alfred Webers aufzunehmen, eine Zivilisation zweiten Grades, gepfropft sozusagen. Sollte die chinesische die einzige Zivilisation ersten Grades sein?

Kurz und gut, wer sich mit den heutigen Mentalitäten befassen will, muß die unendlich lange Vergangenheit der Zivilisationen einbeziehen. So nehmen die beiden christlichen Welten, die im Lauf der Jahrhunderte Gestalt angenommen haben, die Realität älterer, im einen wie im andern Fall langlebiger Welten wieder auf: Zentrum der einen ist Rom, es ist nach Westen ausgerichtet, während die andere ihren Mittelpunkt in Konstantinopel hat, dem neuen Rom, aber auch in Griechenland, das man gewiß nicht »neu« wird nennen wollen.

Worin unterscheiden sich die beiden Christenheiten? Grundsätzlich darin, daß die eine auf der griechischen Welt aufgebaut ist, die Rom zwar unterworfen, aber nicht angeglichen war, die andere auf der westlichen Welt, die eben der Schauplatz römischer Durchdringung war.

Diesen Unterschied aufzuheben, der ihm von Anbeginn innewohnte, ist dem Christentum nicht gelungen. Ohne sich gleich in Erläuterungen zu den theologischen Streitigkeiten zu ergehen, die für die Trennung der beiden Kirchen ausschlaggebend sind, läßt sich doch immerhin, was weniger schwierig sein dürfte, einiges am Stoff der Gegenwart rekonstruieren. Obwohl sie beide der Liebe zu Christus geweiht sind, weichen die Schwesterreligionen auffällig voneinander ab, so etwa in der Bedeutung der Schlüsselbegriffe. Im Griechischen und noch deutlicher im Altslawischen meint Wahrheit das Unveränderliche, Ewige, das außerhalb der unserem Verstand begreiflichen, erschaffenen Welt Wirklichkeit ist. Das Wort »pravda« bedeutet denn auch sowohl Wahrheit wie Gerechtigkeit. Im Lateinischen hingegen meint

Wahrheit immer eine durch unseren Verstand erfaßbare Gewißheit und Wirklichkeit. Die Sakramente sind in der Westkirche von der kirchlichen Hierarchie untrennbar, die allein ihnen ihren heiligen Charakter zu verleihen vermag; in der Ostkirche sind sie in erster Linie »Mysterien«, die unser Sinnesvermögen übersteigen und direkt von Gott kommen. Das seien Nuancen, könnte man einwenden. Aber Christus selbst hat ein anderes Antlitz hier und dort. Die Osterwoche ist im Westen eine Zeit der Trauer, des Leides, des Schmerzes, sie steht im Zeichen des Todes des Menschen Christus. Im Osten ist es eine Zeit der Freude und der Gesänge im Zeichen der Auferstehung des Gottes Christus, die in der heiligen Woche verherrlicht wird. Im Gegensatz zu den ersten italienischen Kruzifixen, denen von Cimabue, stellen die russischen einen friedlich im Tode ruhenden Christus dar, nicht den gepeinigten Retter der lateinischen Kirche ... Man könnte fortfahren in der Aufzählung dieser Gegensätze, die sich vor langer Zeit herausgebildet haben.

Jérôme Carcopino hat in seinen Vorlesungen an der Sorbonne bedauert, sogar beklagt, daß Rom auf seinen Eroberungsfeldzügen den Rhein nicht überschritt und ostwärts nicht mindestens bis zur Elbe vordrang. Das Schicksal Roms – und somit unseres – wäre ein anderes gewesen. Und hätte gar die römische und nicht die griechische Kirche Rußland zum Christentum bekehrt, das Schicksal Europas und das der Welt wären heute nicht wiederzuerkennen. So sind bisweilen die großen Auseinandersetzungen der Gegenwart schon vor Jahrhunderten gewonnen worden oder verlorengegangen.

Überlagerungen von Zivilisationen

Erster Punkt: Zivilisationen sind sehr dauerhafte Realitäten. Zweiter Punkt: sie sind fest mit ihrem geographischen Raum verwachsen. Freilich geschieht es oft, daß die stärkere siegreich bei der schwächeren eindringt, sie kolonisiert, ihr Lager, ihre

Befehlsstellen dort errichtet. Aber auf die Dauer geht das Unternehmen schief. Einige Ausnahmen bestätigen die Regel: der Erfolg Roms in Gallien, jener Karthagos (beinahe unbemerkt) in Afrika oder jener Europas in Amerika – sie alle kamen in noch ungenügend strukturierten Zivilisationen zustande, die sich daher dem Eindringling ergaben. Wir sollten folglich, was das vorrömische Gallien betrifft, das dort erreichte kulturelle Niveau nicht überschätzen oder jedenfalls uns nicht zu sehr von der Begeisterung Camille Jullians anstecken lassen.

Zwischen reifen, fest strukturierten Zivilisationen (und der Mittelmeerraum ist die Wahlheimat reifer, aus einer langen Vorgeschichte hervorgegangener Zivilisationen) sind Fehlschläge die Regel, mögen sie auch, es sei nochmals gesagt, mit Verzögerung eintreten. In Wahrheit unterwirft sich jede gefestigte Zivilisation nur scheinbar, wird sich dabei nur um so schärfer ihrer selbst bewußt und entwickelt einen unbeugsamen kulturellen Nationalismus. Den Türken gelingt zwischen 1453 und 1541 die Eroberung der Balkanhalbinsel, die zur Hauptsache von der ihnen nun untergeordneten griechischen oder orthodoxen Zivilisation besiedelt ist. Bis sich die Türken, und damit der Islam, 1918 endgültig zurückziehen, sind über vier Jahrhunderte vergangen. Aber man darf nicht vergessen, daß ihre anfänglichen Erfolge von den Griechen, ihres Hasses gegen die lateinischen Völker wegen, heimlich geduldet wurden. Die mohammedanische Eroberung ging 711 wie eine Welle über Spanien hinweg, und erst sieben Jahrhunderte später, 1492, wurde die Befreiung mit der Einnahme Granadas abgeschlossen. Auch in diesem Fall sollte man sich eines anfänglichen Einverständnisses bewußt sein. Das Erstaunliche indes ist beidemale, daß eine Zivilisation nach Jahrhunderte währender Gefangenschaft wieder zu sich selbst findet – unangetastet, fast so, als wäre dazwischen nichts vorgefallen. Man beachte dazu auch, im Osten, das Schicksal des Islam auf iranischem Boden.

Dasselbe würde nötigenfalls die Geschichte des griechisch-römischen Orients beweisen, für den der Alexanderzug 334 bis

329 v. Chr. die Grundlage bildet. Eine lange Zeitspanne, schreibt Emile-Félix Gautier, »zehn Jahrhunderte ungefähr (bis zur arabischen Rückeroberung, 634, 636 oder sogar erst 641), eine unwahrscheinlich lange Periode: nahezu Frankreichs gesamte Geschichte hätte darin Platz. Am Ende dieses Jahrtausends fällt unter dem ersten arabischen Säbelhieb von einem Tag auf den andern alles und für immer zusammen, die griechische Sprache und das griechische Denken, die westliche Besatzungsmacht; alles geht in Rauch auf; am Ort des Geschehens ist es, als wären diese tausend Jahre Geschichte nie gewesen«.

Damit verglichen sehen ein Jahrhundert dauernde Besetzungen geradezu episodenhaft aus: Jerusalem, 1099 durch Kreuzfahrer erstürmt, ist schon 1187 nicht mehr in christlicher Hand; das französische Nordafrika, 1830 erstmals kolonisiert, gibt es 1962 nicht mehr.

All diese sehr langen oder auch kürzeren Prozesse bilden, aufmerksam betrachtet, eine einzige Problemgattung. Sie beweisen den explikativen Wert des Zivilisationsbegriffs, mag er noch so vertrackt und noch so schwankend scheinen. Durch die Schichten der Vergangenheit des Meeres hindurch bahnt er die einzigen verheißungsvollen Wege, die einem eiligen Reisenden offenstehen.

Die Zusammenstöße zwischen den Zivilisationen

Wir sind daher versucht, zunächst einmal nur die Zusammenstöße zwischen den Zivilisationen – gleichsam die militärischen Schranken jeder knapp gefaßten Geschichte – festzuhalten. Die Schlacht von Marathon (490): auf der einen Seite die Welt der Griechen, in sich selbst entzweit, verstreut von der Küste Kleinasiens bis nach Sizilien; auf der anderen die Perser, »das Riesenreich von der Ägäis bis nach Indien«. Der Kampf Roms gegen Karthago bis ins Jahr 146 v. Chr., die Konflikte zweier Völker, »deren eines im wesentlichen ein Seefahrer- und Händler-, das andere ein festländisches Krieger- und Bauernvolk ist«. Selbstverständlich kann man sich vorzustellen versuchen, was aus der mediterranen Welt geworden wäre, wenn Karthago obsiegt und seine Zivilisation über das ganze Meer verbreitet hätte, und wie dadurch sein tiefes, wenn nicht abgründiges Wesen offenbart worden wäre. Aber Karthago behielt nicht die Oberhand. Die Kreuzzüge: am 7. Oktober 1571 wurde die türkische »Armada« bei Lepanto am Eingang zum Golf von Korinth, genauer im Golf von Naupaktos in der größten Galeerenschlacht der Geschichte von der Flotte der Heiligen Liga (Venedig, Papsttum, Spanien) unter dem Kommando Juans de Austria aufgerieben, ein gigantischer, aber kurzer Kampf: »Er beginnt bei Tagesanbruch und ist vor Mittag zu Ende.« (Robert Mantran)

Solche Zusammenstöße, die einen kurz (Marathon, Lepanto), die anderen lang (die drei Punischen Kriege, die Kreuzzüge), werfen ein grelles Licht auf jene dumpfen, gewaltsamen, wiederholten Auseinandersetzungen, die sich die Zivilisationen liefern und die, genauso wie einige weitere Kriege und Schlachten, deren bedeutsamste wir hätten erwähnen können (die Schlacht von Jerez 711, in der Tarik die Westgoten vernichtend schlug, oder die Schlacht von Poitiers 735; oder die Einnahme von Konstantinopel 1453 ...), über die Beteiligten und die betroffenen Orte hinausweisen. Auf der einen Seite steht das ganze Abendland (Griechen und lateinische Welt), auf der anderen der ganze Orient. Die Tragweite des Konflikts läßt den Zusammenprall um so heftiger, dröhnender ausfallen. In Marathon retten die Griechen eine in Umsturzgefahr schwebende westliche Welt. Rom erschüttert, indem es Karthago vernichtet, den gesamten Orient. Die Kreuzzüge sind ein weiteres Beispiel für dieselbe starre Gesinnung. Eine wuchtige Entgegnung des Islam darauf ist die Besetzung Konstantinopels durch die Türken 1453. Lepanto setzt zu einem späteren Zeitpunkt (1571) nochmals das Wohl der ganzen, von der türkischen Flotte und den Seeräuberschiffen der Barbaren gegängelten mediterranen Welt aufs Spiel.

Wie wäre es auch möglich, daß die uralten Zivilisationen nicht aufeinanderprallten? In ihrem Kampf finden sie ihre Daseinsberechtigung. Rom, dessen Machtfülle ein einziges Mal während einiger Jahrhunderte das Meer zu vereinigen vermochte, brachte die schon vor ihm bestehenden verfeindeten Gemeinschaften nicht zum Verschwinden, es hielt sie in Schach und war gleichzeitig mit der Aufwertung und dem Ausbau seiner eigenen Zivilisation, Sprache und Kunst beschäftigt. Aber unter dem Schirm der »pax romana«, der sie nur schlecht verbarg, gingen die Kämpfe weiter.

Zivilisationen, das heißt also soviel wie Krieg und Haß, ihre dunkle Seite, die sie halb überschattet. Sie züchten sich ihren Haß, sie zehren, sie leben davon. Der Grieche verabscheut den Perser noch mehr als dieser (der als tolerant bekannt ist) seinerseits den Griechen. Der Römer hegt einen tödlichen Haß auf den Punier, der es ihm heimzahlt. Christentum und Islam bleiben sich gegenseitig nichts schuldig. Vor dem Tribunal der Geschichte würden sie beide verantwortlich gemacht, Rücken an Rücken abgeurteilt. Aber weiß man denn stets, wer der Schuldige und wer der Unschuldige ist? So sind für Sabatino Moschati die Punier der Inbegriff eines friedliebenden Volkes, das sich zwar verteidigt, und dies sehr tapfer, aber nur um Angriffe abzuwehren. Manche Historiker meinen, Byzanz, das bis zur Einnahme von Konstantinopel das Römische Reich überlebte, sei zu keinem seiner Größe angemessenen heiligen Krieg imstande gewesen (zu keinem Kreuzzug, wenn man so will). Sofern die Bemerkung richtig ist, sind wir versucht, uns über diesen Mangel zu freuen. Doch hat das Oströmische Reich nicht schließlich den Mangel an konstruktivem Haß teuer bezahlt? Womit gesagt wäre, daß die Zukunft jenen gehört, die zu hassen verstehen. Allzuoft sind die Zivilisationen tatsächlich nichts als Verkennung, Verachtung, Verabscheuung der anderen. Aber doch nicht immer nur dies. Sie sind auch Hingabe, Ausstrahlung, sie häufen kulturelle Werte an, Erfahrungen sind ihr Erbe. Soviel die Zivilisationen dem Kampf verdanken, so viel auch dem mannigfaltigen Austausch von Techniken, Ideen und selbst Religionen. Der Mittelmeerraum ist ein Mosaik aus tausend Freveltaten. Wir können daher heute, Jahrhunderte später, all die Denkmäler anschauen, ohne uns über ihre Entweihung zu entrüsten (nichts läge uns ferner) – all die Meilensteine, die das Vor und Zurück von einst bezeugen: die Hagia Sophia, bewacht von hohen Minaretten, San Giovanni degli Eremiti in Palermo mit dem Kreuzgang zwischen den roten oder beinahe roten Kuppeln der älteren Moschee, und in Córdoba, mitten in dem Bogen- und Säulenwald der schönsten Moschee der Welt, die anmutige kleine gotische Kirche Santa Cruz, die auf Anweisung Karls V. erbaut wurde.

Zivilisation ist in der Geschichte nicht alles

Indessen ist die Zivilisation, so einflußreich und dauerhaft sie auch ist und wie weit sie auch widerhallt, für sich allein noch nicht die Geschichte der Menschheit, auch nicht die des Binnenmeerraums, die uns hier beschäftigt.

Daß die Politik stets mitzureden hat, steht außer Frage. Wie oft hat sie nicht ihren Willen aufgezwungen und dabei die anderen geschichtlichen Kräfte und Ausdrucksformen auf den zweiten Rang verwiesen? Das war etwa der Fall, solange Rom seine Vormachtstellung innehatte, die jahrhundertelang Gewaltgebrauch im Dienste der Politik war – erst als es sich den Mittelmeerraum untertan gemacht hatte, war sein imperialistischer Machthunger gestillt. Bevor es so weit war, schlug Rom erbarmungslos zu: in ein und demselben Jahr (146 v. Chr.) zerstörte es Karthago und vernichtete Korinth. Man denke auch an die blutige Eroberung Galliens, die beinahe zehn Jahre in Anspruch nahm, von 59 bis 53 v. Chr. Bis Rom zum Schmied der »pax romana« wurde, war es pausenlos die Kriegstreiberin.

Gleichzeitig mit den besiegten Völkern mußten sich die Zivilisationen beugen. Die Großschlacht bei Aktium (2. September 31 v. Chr.) – groß deshalb, weil ihre Nachwirkungen unermeßlich waren – besiegelte für Jahrhunderte das Schicksal der »anderen«

Mittelmeerhälfte. In dieser Schlacht, fast an genau der gleichen Stelle ausgetragen wie 1538 die von Prevesa (Sieg der Türken über die Flotte einer ersten christlichen Heiligen Liga), ziehen sich die Schiffe Kleopatras zurück, Antonius unterliegt und Oktavian übernimmt die Alleinherrschaft. Das ist der Auftakt zum Römischen Reich.

Obschon es seinen Willen und die staatliche Einheit für den Mittelmeerraum verbindlich macht, hat Rom die kulturellen Unterschiede, Divergenzen, Unruhen und Auseinandersetzungen nicht auszulöschen vermocht, vielmehr ist es selbst von diesen Kulturen – verfeinerter als seine eigene – berührt und geprägt worden, von Griechenland, das seine Lehrmeisterin ist (in den kultivierten Kreisen der Hauptstadt wird griechisch gesprochen), und von den aus dem Vorderen Orient herüberdringenden Religionen und Kulten. Hingegen hat es im ganzen Mittelmeerraum die überlegene Sprache seines Staats und seiner Institutionen durchgesetzt.

Der Stellenwert der Wirtschaft

Im Kontext der Geschichte des Mittelmeerraums gehört auch die Wirtschaft zu den maßgeblichen Akteuren. Ohne Wirtschaftssystem, das ihr das Gleichgewicht verleiht, wäre die Gesellschaft nichts, wären die Staaten bewegungsunfähige Körper. Selbst die Zivilisationen können nur dank der Ökonomie bestehen und gedeihen. Blütezeiten sind Zeiten des Verbrauchs, der Verschwendung. Kaum gerät die Wirtschaft in eine Krise, schon werden auf der Baustelle von Santa Maria del Fiore in Florenz die Arbeiten eingestellt, die Kathedrale von Bologna oder die von Siena bleiben auf immer unvollendet.

Der Schatz der Schätze ist das Meer – die Transportfläche, über die alles angeliefert wird. Herr über die Reichtümer ist, wer Herr über das Meer ist. Nun duldet es aber, wie weiträumig es auch ist, stets nur einen Herrn, der zwar nicht unbedingt politisch dominant sein muß – wofür Rom das Urbild vorstellt –, wohl aber ein Meister des ökonomischen Austauschs, des Handels und seiner Unausgeglichenheiten und Ungleichgewichte.

Solche königlichen, jedoch nie lärmenden Vormachtstellungen werden nicht in einem Tag errichtet. Konflikte gehen ihnen voran, begleiten sie. Im 9. und 10. Jahrhundert, während des Höhepunktes seiner Zivilisation, hat der Islam unbestreitbar das Binnenmeer beherrscht. Dem Christen »gelingt es kaum, auch nur eine Bohle darüber zu flößen«. Aber im 11. Jahrhundert, bald mit Hilfe des kontinuierlichen Verkehrs der Kreuzfahrer, beginnt die Lage sich zu wandeln. Die Schiffe der italienischen Städte werden die unangefochtenen Statthalter des Meers in seiner ganzen Weite. Die byzantinischen Schiffe geraten ins Hintertreffen, die des Islam werden verdrängt. Das Meer im eigentlichen Sinne des Wortes, seine Gewässer werden von Christen okkupiert, von ihren Kriegs- und Seeräuberschiffen, ihrem militanten Treiben, und hinter diesem Schutzschild geht der wachsende Seehandel vonstatten. In diesem einträglichen, über lange Zeit betriebenen Spiel wird Italien, nördlich der Linie Florenz-Ancona, das aktivste und reichste Land im Mittelmeerraum. Zwischen dem 11. und dem 16. Jahrhundert profitieren von der erhöhten Wirtschaftstätigkeit insbesondere und regelmäßig die Städte, während die Territorialstaaten – der Zeitpunkt zeichnet sich deutlich ab – mit der schweren Krise im 14. Jahrhundert verkommen.

Derweilen machen sich die Städte im Mittelmeerraum den Profit streitig. Die unablässigen Zwistigkeiten zwischen Genua und Venedig sind die Folge von plötzlichen Umschwüngen. Erst nach der Schlacht bei Chioggia (1379) behält Venedig endgültig die Oberhand und wird bis zum Beginn der sogenannten Italienkriege (1494) zum Zentrum des Mittelmeerhandels. Ende des 15. Jahrhunderts haben die Territorialstaaten offenbar ihre alte Kraft wiedererlangt oder neue gesammelt. Die Türken besetzen Otranto (1480-1482), Karl VIII. überquert im September 1494 die Alpen, die Aragonier mischen sich in den Konflikt ein, der schwelt. Neben diesen machtvollen Widersachern fallen die Städte, selbst Venedig, augenscheinlich nicht mehr ins Gewicht. Die Politik nimmt Revanche.

Wie die Nordländer das Mittelmeer eroberten

Es waren indessen, mochten sie für das Schicksal Italiens und seiner Städte eine noch so bedeutsame Rolle spielen, weder die türkischen Armadas noch französische Truppen, noch die spanischen Tercios, die die wirtschaftlichen Fundamente der mediterranen Überlegenheit umstießen. Der gewaltsame Aufstieg der Großmächte brachte das Gleichgewicht der Halbinsel ins Wanken oder zerstörte es gar, aber 1559 findet Italien seine Ruhe wieder und zieht nochmals seinen Vorteil daraus. Dennoch wird es mit ihm nicht mehr aufwärtsgehen, allerdings aus anderen Gründen.

Der Prozeß, der den Mittelmeerraum bedrohte und dem er letztlich erliegen sollte, ist kein geringerer als die Verlagerung des Schwerpunkts der Welt vom Binnenmeer zum Atlantischen Ozean. Die Entdeckung Amerikas 1492 und die Reise ums Kap der Guten Hoffnung 1497 bis 1498 bilden den Auftakt zu diesem Wandel. Wohl erlangen diese Ereignisse nicht von heute auf morgen ihre volle Bedeutung. Pfeffer und Gewürze werden über Lissabon nach Antwerpen geliefert. Aber die Suez-Route und der Persische Golf sind nicht aus dem Spiel und können mit der langwierigen Umsegelung Afrikas rivalisieren. Es wird sogar der Bau eines Suezkanals erwogen. Pfeffer und Gewürze gelangen übrigens nur gegen Edelmetall nach Europa. Wer das Geld, wer Gold und Silber hat, kann auch Produzenten, Händler und Lieferanten von Pfeffer und Gewürzen fernlenken. Gewiß, das Edelmetall, das nach 1530 fast ausschließlich via Sevilla aus Amerika kommt, gehört Spanien. Der Kriege Karls V. und der Zwangsanleihen der Regierung Kastiliens wegen, an denen sich bald italienische, vor allem genuesische Kaufleute und Bankiers beteiligen, fließt indessen das spanische Silber nach 1550 immer häufiger über Italien. Kisten voller Reales (»Achterstücke«) werden regelmäßig in Galeeren von Barcelona nach Genua verfrachtet. Nach 1568, als zuerst die englischen, dann die holländischen Piraten Spanien den direkten Zugang zum Atlantik und zur Nordsee abschneiden – den Weg zu den aufständischen Niederlanden –, gehen die spanischen Geldlieferungen beinahe ausschließlich über die Mittelmeerroute von Barcelona nach Genua – die Stadt des heiligen Georg wird die Finanzmetropole Europas. Dieser Vorrang Genuas rührt von der auf der Regierung des katholischen Königs lastenden Pflicht her, den Sold und die Kosten der Soldaten der in den Niederlanden kämpfenden spanischen Armee zu finanzieren. Und diese Pflicht wird weiterbestehen. Ein genuesisches Zahlungssystem wird geschaffen, im Zusammenhang mit der seit 1579 bestehenden Messe von Piacenza. Manche Historiker pflegen von einem »genuesischen Jahrhundert« zu sprechen, das um 1557 beginne und 1622-1627 ende.

Gleichzeitig mit der Neuorganisierung seiner Versorgung mit Edelmetallen stellt Italien in den Jahren um 1560 seine Versorgung mit Pfeffer und Gewürzen über die früheren Routen durch die Levante wieder sicher. Der Absatz über diese Handelswege kommt, im großen und ganzen, dem über die Kap-Route gleich, und da der Verbrauch in Europa beträchtlich gestiegen ist (sich ungefähr verdoppelte), sind auch für Venedig die ehemaligen Handelsgrundlagen wiederhergestellt. Es wäre daher voreilig, vor dem Ende des 16. Jahrhunderts von einem Niedergang des Binnenmeers, Italiens und seiner führenden Städte zu sprechen. Wir können jene ältere Erklärung nicht mehr teilen, die das Mittelmeer durch die Entdeckungen der Portugiesen für augenblicklich überspielt hält. Die Portugiesen blockierten übrigens im Indischen Ozean weder die Zugänge zum Persischen Golf noch jene zum Roten Meer.

Was geschah wirklich? Denn es steht außer Zweifel, daß der Verkehr und der Fernhandel im Mittelmeer in den ersten zwanzig Jahren des 17. Jahrhunderts zurückging. Ein junger Historiker, Richard Rapp, hat neulich eine plausible Erklärung dafür geliefert. Für ihn steht fest, daß es durch List, Zwang und Gewalt – das Spiel der wirtschaftlichen Kräfteverhältnisse – zu einer Eroberung des Binnenmeers durch die Nordländer kam, will sagen durch Engländer und Holländer, vornehmlich durch jene. Die Engländer hatten sich bereits in den letzten Jahrzehnten des 15. Jahrhunderts und etwa bis 1530, 1450 ein erstes Mal, in den Mittelmeerhandel eingemengt, doch war ihre Intervention zwischen 1550 und 1570 jäh zum Stillstand gekommen. Hierauf, in den siebziger Jahren des 16. Jahrhunderts, hob eine zweite, diesmal weitergreifende und besser organisierte Einmischung an.

Die Schiffahrt der protestantischen Länder wird in einem Mittelmeerraum, in dem Islam und Christentum nach dem ungeheuren Kraftakt von Lepanto (1571) abzurüsten begannen, nach und nach ausschlaggebend. Ihre Schiffe sind überlegen ausgerüstet, großzügiger bemannt, besser belastbar, zuverlässiger, und sie nehmen, anders als die Segler der Anrainerländer, auch kleine Ladungen an. Sie bekommen, Zug um Zug, die wichtigsten Geschäfte in die Hand. So sind es holländische Schiffe, welche die Wollballen von Spanien nach Livorno transportieren, die anschließend auf dem Landweg nach Venedig weiterbefördert werden, zur Versorgung seiner »Arte della Lana«, die damals in vollem Aufschwung begriffen war. Manche dieser Schiffe steuern von Spanien aus sogar direkt Venedig an. Auch den Handel mit Rosinen, den Handel mit Öl aus Dscherba oder Apulien sowie Teile des prestigereichen Levantehandels reißen die Nordländer an sich. Selber liefern sie Holz, Teer, Planken, Bohlen, Korn, Roggen, Heringtonnen, Zinn, Blei und bald auch eigene Fertigprodukte, oft schlichte Nachahmungen venezianischer Erzeugnisse oder anderer italienischer Städte, schön polierter Ramsch mit gefälschten italienischen Marken. Hinzu kommen die Abkommen mit Algier, mit den Türken. Es gibt Gewalttätigkeiten, es ging nicht immer redlich und nicht ohne Komplizen zu (namentlich in Livorno). So rauften sich das Gewerbe und der

Handel Englands und der Niederlande um den Balg, mästeten sich an den angehäuften Schätzen des alten Mittelmeers. Besetzungen, Plünderungen, Diebstähle waren an der Tagesordnung. Ja, es gab sogar eine Fernblockade, als die Holländer in der Insulinde und im Indischen Ozean die Rolle der Portugiesen übernahmen. Diese hatten die für den Mittelmeerraum bestimmten Waren passieren lassen, während jene wachsam wenn nicht die Seide, die immer noch in die Levante gelangte, so doch Pfeffer und Gewürze zurückhielten. Gegen 1620 kamen, Zeugnissen aus Marseille zufolge, Gewürze und Pfeffer nicht mehr über die alten Handelswege, durchs Rote Meer, ans Mittelmeer, sondern auf holländischen Schiffen via Gibraltar aus dem Atlantik. Der Mittelmeerraum wurde einerseits entwertet, andererseits umfahren, so daß seinen Bewohnern die einträglichsten Geschäfte entgingen. Und seitdem ist ihnen das Meer nicht wiedergegeben worden.

Vor und nach der Eröffnung des Suezkanals (1869)

Sicherlich bildet das Mittelmeer seit 1620 oder 1650 nicht mehr den Mittelpunkt der Welt. Fremde beginnen in seiner Sphäre Handel zu treiben, tragen ihre Kriege hier aus. Zu diesen Geschäften und Kriegshändeln haben die Einheimischen nicht viel zu sagen. Bauern auf dem Schachbrett, werden sie herumgeschoben, wie es fernen Mächten und ihren Absichten gerade zustatten kommt, denjenigen Hollands im 17. Jahrhundert, und zu Beginn des 18. kündigt sich die Vorherrschaft Englands durch einen meisterlichen Handstreich an: Mitten im Spanischen Erbfolgekrieg nimmt der englische Admiral George Rooke am 25. August 1704 überraschend Gibraltar ein, vergeblich werden Franzosen und Spanier die Stellung zurückzuerobern versuchen, nacheinander in den Jahren 1704, 1727, 1779, 1782. Bei dem letzten Versuch schießen die Belagerer, ohne damit den Erfolg erzwingen zu können, mit glühenden Kanonenkugeln von den von d'Arçon erfundenen schwimmenden Geschützständen aus. Das Los ist besiegelt: die Engländer halten Gibraltar noch heute. Seit über zwei Jahrhunderten sind sie die Pförtner des Binnenmeers, das sich im 18. Jahrhundert in einen See verwandelte, im Westen bewacht und auf der Ostseite schon seit dem 17. Jahrhundert ohne brauchbaren Ausgang.

Nun ist freilich die Ostseite, mehr noch als Gibraltar, die kritische Zone des Binnenmeers, nach der alles schielt. Die Levante im 17. und 18. Jahrhundert, das ist das Türkenreich, das sich über den Balkan, Kleinasien und beinahe ganz Nordafrika erstreckt, von Ägypten bis an die Ostgrenze Marokkos, ein Riesenmarkt mithin, um so mehr, als er mit Persien und mit dem Seidenhandel verbunden bleibt, der im Transit über Smyrna, der nunmehr größten Niederlassung, verläuft. Das ist es, was mit dem Levantehandel auf dem Spiele steht, in dem Frankreich, das nur halb zum Mittelmeerraum gehört, im 18. Jahrhundert eine Vorrangstellung einzunehmen beginnt.

Aber über den Handel und die Länder der Levante hinaus geht es auch und in erster Linie um das ferne Indien, wo England nach der Schlacht von Plassey (1757) die Führungsrolle übernimmt, die ihm nicht mehr zu entreißen ist. Durch die Levante führt der kürzeste Weg von Europa nach Indien, es ist die typische Strecke, die Eilbotschaften, Verfügungen und Anordnungen nehmen. Außerdem belebt sich mit dem Kaffeehandel das Rote Meer neu, und Alexandria wird wieder, wie in der Epoche der Gewürze und des Pfeffers, ein vielbenutzter Hafen. Am Vorabend der Revolution spricht die französische Regierung ausdrücklich von einem Seeweg durch den Isthmus von Suez und beunruhigt damit die Englisch-Ostindische Kompanie. Nichts käme England weniger gelegen als ein Durchbruch vom Mittelmeer zum Indischen Ozean, eine Öffnung für seine Rivalen und Konkurrenten, von den größten (Frankreich voran) bis zu den bescheidenen (Genua oder Venedig), ja selbst den ungünstig postierten wie Rußland, das gleichfalls vom flimmernden Indienbild und von der indischen Realität angezogen wird. In diesen Zusammenhang gehört die »Ägyptische Expedition«, die Bonaparte 1798 unternimmt. Wäre dieser Feldzug geglückt, so wäre das türkische Reich in zwei Teile zerfallen: im Norden Anatolien und der Balkan, im Westen die widerspenstigen Regentschaften in Tripolis, Tunis und Algier, so daß der Weg zum Indischen Ozean weit offengestanden hätte. Die Historiker, oft voreilig, wenn es um die Reflexion historischer Prozesse geht, sind der Ansicht, wenn Bonaparte Akka genommen hätte, wäre es ihm möglich gewesen, seine Armee in den Hügeln und Gebirgszügen des Libanon neu zu formieren und das noch in seinen Anfängen steckende britische Empire zu zerschlagen.

Aber die Operation scheiterte, und im Jahre 1800 besetzte England Malta, das zwei Jahre zuvor von der französischen Flotte auf dem Weg nach Ägypten genommen worden war. Wohl mußte die Insel laut den Bestimmungen des Friedens von Amiens (1801) zurückgegeben werden, blieb aber doch bis vor kurzem unter englischer Kontrolle. Doch trotz ihrer bescheidenen Ausdehnung sicherte sie, wie Gibraltar, von der Mitte des Meeres aus die englische Vormacht. Später, als sich die Engländer auf Zypern (1878) und in Ägypten (1882) niederließen, war der Indienweg endgültig und lückenlos in ihrer Hand, und schwer legte sich Londons »pax britannica« über den Mittelmeerraum. Einmal mehr beherrscht Politik das Meer. Ein Wort des Kabinetts von Saint-James, und schon kreuzen Schiffe vor Malta auf und stellen die Ordnung wieder her.

Aber auch Frankreich rührt sich: es faßt in Nordafrika Fuß, 1830 wird Algier besetzt, doch Nordafrika ist für Englands Interessen im Mittelmeer nicht das kritische Gebiet. Wenn der gallische Hahn im Saharasand scharrt, dann reagiert es mit einem müden Lächeln. Der einzige Coup, der Frankreich wirklich glückte, war der 1869 vollendete Bau des Suezkanals.

Zehn Jahre Arbeit und die Beharrlichkeit eines Mannes, Ferdinand de Lesseps, waren nötig, damit das Unternehmen endgültig zustande kam. Nun veränderte ja eben auch – und darauf mußte man setzen – die *Dampfschiffahrt* die Bedingungen des Verkehrs auf den Weltmeeren. Jedenfalls war es das Ende des Mittelmeers als »See«, die Verwandlung des Binnenmeers in eine hauptsächlich zum Indischen Ozean führende Passage. Alsbald werden wir mit Schilderungen der Eindrücke Indienreisender überhäuft: der Kanal, der Glutofen des Roten Meers, das Wiegen und Wogen des Indischen Ozeans – auf dieser langen Reise ist das Mittelmeer nur noch die erste, kurze und kaum der Rede werte Etappe.

Der französische Erfolg wird mit einer rauschenden Eröffnung gefeiert, zu der alle gekrönten Häupter Europas geladen sind, unter dem Vorsitz – Ehre wem Ehre gebührt – der Kaiserin Eugénie. Aber das Gepränge ist trügerisch. Die Fäden der Politik werden nicht in Paris gesponnen, und es wird damit nicht etwa das Scheitern der Ägyptischen Expedition wettgemacht. Denn Ägypten, unabhängig seit 1811, ist selbst nur ein Bauer auf dem Schachbrett des Mittelmeerraums. Die englische Regierung, die dem Bau des Kanals alle möglichen Hindernisse in den Weg gelegt hatte, kauft 1875 die 117 000 Aktien des verschuldeten Khediven; 1882 wird Ägypten besetzt, 1888 in London ein Abkommen mit Frankreich geschlossen, das den Kanal für neutral erklärt. Zu guter Letzt ist England der große Nutznießer von Ferdinand de Lesseps' Unternehmen. Die Faschoda-Episode – bei der am 10. Juli 1898 ein kleiner Trupp Männer unter Major Marchand am Weißen Nil aufmarschiert – ist bloß ein geringfügiger Zwischenfall, der für die Machtaufteilung in der Levante folgenlos bleibt.

Frankreich ist nicht der einzige Verlierer bei diesen Regelungen. Und Maurice Aymard hat recht, wenn er sagt, der Suezkanal sei ein Symbol der »politischen Erschlaffung des Mittelmeerraums«. Von Frankreich erbaut, das ja selbst nur halb zur mediterranen Welt gezählt werden kann, ist der Kanal nun ein englischer Seeweg und mit ihm das Binnenmeer überhaupt. So wird es immer mehr entäußert, und seitdem ist diese Enteignung nie mehr zum Stillstand gekommen. Am 26. Juli 1956 nationalisiert Nasser den Kanal. Frankreich und England tun sich zusammen, doch ihre sechstägige Besetzung der Kanalzone scheitert. Allerdings hatten schon vor diesem Zeitpunkt Franzosen wie Engländer ihre Vorherrschaft im Binnenmeer und in den Anrainerländern eingebüßt. »Die unübersehbare Präsenz der amerikanischen Flugzeugträger und der sowjetischen Helikopterträger signalisiert die Dominanz der einander die Stirn bietenden Supermächte.« Das Mittelmeer ist für sie ebenfalls ein Kampfplatz, genauer: der Mittelmeerraum ist ihre Arena, in der sich zu ihrer Freude oder ihrem Verdruß die Gladiatoren schlagen, und diese würden sich nicht bis aufs Blut bekämpfen, wenn nicht die Großen der Welt an ihren Gemetzeln interessiert wären.

Dennoch geht das Leben im Mittelmeerraum weiter, werden vor unseren Augen Konflikte ausgetragen, wird die Industrialisierung vorangetrieben, der Lebensstandard erhöht sich, und die letzten Fesseln des endlich zerschlagenen Kolonialismus werden abgeschüttelt. In der Südhälfte des Meeres, von Marokko bis zur Türkei und zum Irak, strebt der andere Mittelmeerkreis danach, die verlorene Zeit einzuholen, aber auch dieser Rückstand wächst weiter.

Maurice Aymard

Lebensräume

Wir neigen heute dazu, den Mittelmeerraum nur als Staffage wahrzunehmen, lediglich das Zusammenspiel von Sonne und Meer, seines Reliefs und seiner Vegetation, ein glückliches Geschenk der Natur, die freigebig und üppig und zugleich karg ist. Denn unter der Blütenpracht schimmert der Fels durch. Der Mensch braucht nur in seiner Hege und Pflege einen Augenblick nachzulassen, schon rutschen die mühsam aufgebauten Terrassen ab, Gesträuch wuchert, der niedergebrannte Wald wird von Dickicht überzogen, die Ebenen versumpfen wieder. Das fragile Gleichgewicht zerbricht, es wiederherzustellen kann Jahrhunderte kosten. Bis auf unsere Tage ist die römische Landschaft geblieben, was sie am Ende des Imperiums war, nämlich eine Art Ödland, und die Trockenlegung der Pontinischen Sümpfe symbolisierte für den Faschismus die wiedergefundene Größe Roms. Venedig jedoch entschloß sich erst im 16. Jahrhundert, als es seine Handelsüberlegenheit einbüßte, etwas gegen die Hochwasser des Po und der Etsch zu unternehmen.

Alle Küstenstriche des Mittelmeers haben dieses Wechselspiel von Erschließung und auffälliger Vernachlässigung mitgemacht. Es ist, als entglitte dem Menschen die Kontrolle über den Raum, als vermöchte er ihn immer nur partiell, nie beständig in seiner Gewalt zu halten. Als habe er für jedes Zeitalter neu entscheiden müssen, ob er von der Küste weg ins Landesinnere ziehen sollte, oder, wie heute, vom Kern zur Peripherie, oder als sei er gezwungen gewesen, seine Felder den Herden der Nomaden abzutreten, bevor er diese seinerseits wieder zu verdrängen vermochte. Die großen Erfolge der mediterranen Landwirtschaft, früher von Syrien bis Spanien, heute vom Unterlauf der Rhone bis zum Negev und bis Assuan, stehen unter demselben Vorzeichen: der künstlichen Bewässerung und dem Eifer, der Umsicht ganzer Völker tüchtiger Gärtner. Aber es sind doch nur Ausnahmen. Selbst wenn sie von seinen Eingriffen geprägt ist, und ebensooft zum Guten wie zum Schlechten, ist der Mensch in der Landschaft oft abwesend. Er ist es in den Getreide- und Schafzuchtgebieten Kastiliens, des Tavoliere in Apulien, ebenso in Thessalien. Er ist es in den weiten, waldigen oder steinigen Ebenen, in den Bergen und auf den Sommeralmen, wo er allenfalls noch als Nomade auftaucht. Obwohl er jüngst endlich die Küstenebenen von der Malaria befreit hat, läßt er sich doch nur ungern dort nieder. Wohnhaft ist er anderswo, in seinen Städten und Städtchen mit ihren zusammengedrängten Häusern und dem Gürtel aus Wein-, Obst- und Gemüsegärten (dem »ruedo«, dem Ring, wie man in Andalusien sagt). Außerhalb davon nimmt er es mit der Bemeisterung des Landes nicht mehr so genau, er verbringt dort kaum mehr als die für die Feldarbeiten nötige Zeit. Der mediterrane Mensch, Landwirt wider Willen, ist ein Städter.

Die voneinander sich abhebenden Landschaftsformen sind Ausdruck dieser konzentrischen Hierarchie, der Ungleichheiten in der Bodenbewirtschaftung, der Schwankungen in der Nutzbarmachung. Seit den Zeiten Roms ist *grosso modo* dieselbe Landaufteilung gültig geblieben. Einerseits das bewirtschaftete Gebiet: der »ager«; andererseits das nicht bewirtschaftete, von Bäumen und mageren Gräsern bewachsene, häufig in Niederwald und steiniges Gebiet übergehende Land, das Reich der Köhler und Hirten, freilebender und anderer Tiere: der »saltus«. Aber der »ager« selbst brauchte lange Erholungszeiten und wurde jedes zweite Jahr, wenn nicht öfter, den Schafherden überlassen, die auf die Stoppelfelder fluteten, kaum war die Ernte eingebracht, und dort ließ man sie auch verweilen, während sie von den Gemüse- und Weingärten strikt ferngehalten wurden. Überhaupt bleibt der Grenzverlauf zwischen »ager«

und »saltus« sonderbar unbestimmt und schwankend, weniger deutlich jedenfalls als die Grenze zwischen der Zone intensiven Gartenbaus rund um die Stadt und dem Rest des Landes, »ager« und »saltus« zusammen, die einen Gegensatz zwischen »vollem« und »leerem« Land schafft. In ihr äußert sich die Zerbrechlichkeit eines ökologischen Gleichgewichts, das durch jeden Bevölkerungsschub bedroht wird – durch die frühere und auch heute noch jeden Sommer fortschreitende katastrophale Zerstörung eines fossilen Waldmantels, der einer dünnen, von der Erosion rasch abgetragenen Humusschicht Halt gab, eine Zerstörung, die im Gefolge der Küstenagglomerationen, der Umweltverschmutzung und des Versiegens der Wasserreserven vor unseren Augen geschieht.

Sehr bald sind die Grenzen der Belastbarkeit des Bodens erreicht, von dem der Mensch übrigens wenig zu erwarten gewohnt ist. Natürlich ist es für ihn wichtig, daß er dort überleben kann; aber Vorrang hat für ihn, daß er dort überhaupt in Gesellschaft und in Verbindung mit anderen leben kann. Weit mehr noch als dem Klima, der Geologie, dem Relief verdankt der Mittelmeerraum seine Einheit einem Netz von Städten und Ortschaften, das sich schon früh bildete und erstaunlich langlebig war. Dieses Netz war für den Raum konstituierend, es war sein Antrieb, sein Lebensquell. Die Städte gehen nicht aus dem Land hervor, sondern das Land aus den Städten, deren Versorgung es kaum zu gewährleisten vermag. Ein soziales Ordnungsmodell wird durch sie auf den Boden übertragen, und freiwillig oder gezwungenermaßen versuchen die Neuansiedler, das Schema dieser Gesellschaftsordnung zu wiederholen. Auch wenn sie nicht seßhaft sind, schlagen sie ihre Lager nach unveränderlichen Regeln auf. Und lassen sie sich als Siedler nieder, so gründen sie den immer gleichen Stadtkern. So Griechenland in seinem Kolonialreich, dann in der hellenischen Welt. So auch Rom, das den ewig gleichen stereotypen Entwurf seiner Heerlager von einem Ende des Reichs zum anderen wiederholt, mit den gleichen rechtwinkligen Straßen, dem gleichen Forum, den gleichen

Prachtbauten. Und so schließlich auch der Islam, in dessen Städten nichts die schöpferische und ordnende Kraft besser zum Ausdruck bringt als jene Oasen, mit denen er sie umschließt und die es ohne Stadt nicht geben würde.

Von Damaskus bis Valencia, vom Jemen bis nach Elche und Alicante läßt sich hinter der Ähnlichkeit der Bewässerungstechniken der Werdegang zweier verschiedener Verteilungssysteme des Wassers verfolgen, die zwei Gesellschaftstypen begründen, der eine aristokratisch, der andere eher egalitär. Im einen Fall besitzen die Grundeigentümer keine Verfügungsgewalt über die Wasserversorgung, worauf die Macht jener beruht, die das Wasser kontrollieren und es den Landwirten verkaufen. Im anderen Fall steht allen Grundbesitzern, die sich zu Gemeinschaften formieren, um den Unterhalt der Bewässerungsanlagen und Kanäle sicherzustellen und Streitigkeiten unter sich zu schlichten, auch gratis Wasser zu: Jeden Donnerstag sprechen die Richter des Wassertribunals vor dem Apostelportal der Kathedrale von Valencia rasch und wirkungsvoll ihr Urteil.

Jede Landnahme, jede Diaspora hat die Tendenz, das städtische Gesellschaftsmodell zu wiederholen und mithin nach außen deutlich zu machen, was sie von Anbeginn beinhaltet. Klein oder groß, die Stadt ist mehr als lediglich die Summe ihrer Häuser, Monumente und Straßen, weit mehr auch als bloß ein Wirtschafts-, Handels- oder industrielles Zentrum. Als räumliche Projektion der gesellschaftlichen Beziehungen wird sie vom Bündel der Grenzlinien, die das Profane vom Heiligen trennen, die Arbeit von der Freizeit, das Öffentliche vom Privaten, die Männer von den Frauen, die Familie von allem, was nicht zu ihr gehört, durchquert und gleichzeitig strukturiert. Und sie erweist sich als vorzüglicher Deutungsraster.

Wo leben? Nie allein, sondern in Gruppen, mag die Gruppe noch so arm und unbemittelt sein. Tausend Leute, die ein kärgliches Auskommen in den Produkten ihres Bodens und im Handel mit ihnen finden, das reicht im Mittelmeerraum für eine Stadt aus, für das Zusammengehörigkeitsgefühl und die Gegensätze, die für sie grundlegend sind: anderswo würden selbst doppelt so viele Leute kaum ein Dorf bilden. Natürlich geht das von kleinsten Städten bis zu Metropolen, aber diese Hierarchie ist komplex, denn es kommt in ihr nicht lediglich auf die Bevölkerungszahl an, nicht allein auf die Handelsleistung und die Höhe des erwirtschafteten Kapitals, sondern auf die Geschichte, auf den monumentalen Rahmen, das Prestige, die politische und administrative Bedeutung – die die Eliten an sie bindet –, das geistige Leben, etwas Unbestimmbares, das eine bestimmte Stadt nachdrücklicher zur Stadt macht als andere. Mögen die großen Städte die kleineren noch so sehr verachten, in ihnen nichts als Dörfer erblicken und ihre Bewohner für ungeschlachte Bauern halten, es erweist sich selbst der bescheidenste Marktflecken als städtischer Mikrokosmos – auch hier ist das gesamte gesellschaftliche Leben nach Gruppen geordnet. Von der Stadt zu sprechen heißt also im Mittelmeerraum, von den Strukturen zu sprechen, die sich in das gleiche Modell fügen.

Historiker und Geographen haben sich in Deutungen für diese Stetigkeit im Zusammenleben und in Erklärungen für die Standortwahl gegenseitig überboten; denn so erlesen manche Lage ist, so war sie doch ursprünglich meist unwirtlich. Wasser und Sonne, Land- und Seewege, die Vorzüge eines Hafens oder eines Flußübergangs, aber auch die Unsicherheit der Küsten und die Seuchengefahr in den Sumpfebenen – in der Tat spielten alle diese Faktoren mit, jedoch in umgekehrter Reihenfolge.

Übers Meer hergelangt, drängten die griechischen Invasoren in Süditalien und Sizilien die einheimische Bevölkerung ins Landesinnere zurück, setzten sich an der Küste fest und besiedelten sie, ohne sich je davon zu entfernen. Wo immer es indessen möglich war, wählten sie leicht zu verteidigende Standorte, so in Syrakus und Tarent – ein vom Festland durch eine schmale Rinne getrenntes Eiland. Das selbstsichere und seines Friedens gewisse Rom erfuhr erst spät, daß es seine Städte zum Schutz vor Angreifern, mit denen es nicht gerechnet hatte, mit Mauern umgeben mußte. Auf islamischem Boden kam die arabische Eroberung den Karawansereien zugute, großen Übernachtungsstationen und Warenumschlagplätzen, aber gleichzeitig wurden die Berber des Maghreb und die Maroniten im Libanon vertrieben und mußten im Gebirge Zuflucht suchen, und die christliche Bevölkerung an der Mittelmeerküste wurde auf Felsklippen in sicherer Distanz vom Ufer verdrängt; Jahrhunderte später geschah dasselbe bei der türkischen Invasion auf der Balkanhalbinsel. An den alten, äußerlich weiterhin mittelalterlichen Stadtkern mit seinen engen, gewundenen Gäßchen schließt sich seit rund hundert Jahren, bedingt durch die wirtschaftliche Entwicklung und die neuen Siedlungsformen, eine Neustadt mit breiten Avenuen und regelmäßigem Grundriß an.

So hat jede Zivilisation ihr städtebauliches Erbe hinterlassen und den Rahmen mitbestimmt, in dem die Menschen auch heute noch eingeschlossen von ihrer Vergangenheit leben, obschon doch die Bedingungen, die bei ihrer Entstehung bestimmend waren, ausgespielt haben. Die jüngste Entwicklung hat den Küstenagglomerationen auf Kosten des zum Opfer seiner Abgeschiedenheit gewordenen Landesinnern den Vorrang gegeben; sie konzentrieren sich um große Hafenstädte, die aus den Nähten platzen und von wirtschaftlichem Aufschwung oder von der Not der Landbevölkerung zeugen, vielleicht von beidem zugleich: Beirut, Alexandria, Athen-Piräus, Neapel, Palermo ... Die neuen Dörfer im Innern Siziliens indessen, durch die Agrarreform geschaffen, um den Bauern aus den Agrostädten, Symbolen des Beharrungsvermögens des »latifondo«, herauszuhelfen und sie auf dem neu an sie verteilten Boden heimisch zu machen, sind trostlos leer geblieben. Schon seit dem 18. Jahrhundert hatte übrigens das Aufkommen der Zitrusfruchtplantagen in den kalabrischen und sizilianischen Küstenebenen bewirkt, daß die Bevölkerung aus dem hügeligen Landesinnern zur »marina« hinabzog, freilich ohne daß damit die geringste Lockerung erreicht worden wäre; die Wohnbedingungen am neuen Ort sind genau die gleichen wie im ursprünglichen, engräumigen Städtchen, das oft weiterbesteht.

Weshalb die ländlichen Gegenden meist öde blieben, wird insbesondere aus den gesellschaftlichen Strukturen und den landwirtschaftlichen Techniken verständlich. Nicht nur der Weinbau und der Gartenbau, die »huertas«, sondern auch der ertragreiche Getreideboden im Flachland und auf den Hochebenen ist in der Hand von Großgrundbesitzern, die wiederholt die Bauern vertrieben haben, wenn diese Anstalten machten, sich dort niederzulassen. Sie werden einzig zur Ernte als bezahlte Hilfskräfte zugelassen. In den Kleinstädten des »latifondo« zusammengepfercht oder im Hochland und im Gebirge angesiedelt, bessern sie so die ungenügenden Einkünfte aus ihrem Boden auf, wo sie zum Absatz bestimmte Erzeugnisse anbauen: Wein, Oliven, Maulbeeren, Obst. Und was das Vieh angeht: bestenfalls einige Schafe, die dem Gemeindehirten anvertraut werden, ein Zugtier, Esel oder Maulesel, nobel im Haus einquartiert zusammen mit dem Federvieh – das auch in der Stadt gehalten wird, auf Terrassen oder, wie in Neapel, im Viertel Monte di Dio, mitten auf der Straße, an einem Pflock festgebunden. Das landwirtschaftliche Gerät: ein radloser Pflug und eine Haue, Schaufel und Hacke, einige Fässer und Tonkrüge zur Lagerung von Öl und Korn, nichts eigentlich, was nicht unter demselben Dach Platz fände.

Das Städtchen, die Stadt ist der Ort, an dem man seine Erzeugnisse umsetzt und vor Anbruch der Dämmerung seine Arbeitskraft dem Leiter des Großbetriebs verkauft, der eigens gekommen ist, die Leute anzustellen, die er braucht. In der Frühe zieht man hinaus und kommt abends zum Schlafen zurück. In der mittelalterlichen Richtschnur zur Festlegung des Arbeitstages, »von Sonnenaufgang bis Sonnenuntergang«, hieß es ebenso in Spanien wie in Süditalien oft, der »bracciante« habe vor Morgengrauen zur Arbeit zu erscheinen – müsse den Hinweg also nachts zurücklegen –, aber bei Abenddämmerung zurück zu sein – den Heimweg mithin bei Tag auf Kosten des Brotherrn unternehmen. Wenn zur Zeit der Weinlese, der Getreide- oder Olivenernte die Dringlichkeit der Arbeiten und die Entfernung – denn oft kamen diese Wanderarbeiter auf Zeit von sehr weit her – die

Heimkehr ausschlossen, dann schliefen sie unter freiem Himmel auf dem nackten Boden oder fanden Unterschlupf in einem Schuppen oder unter einem Vordach der großen Gutshöfe – so ist es in E. Vittorinis Roman *La Garibaldina* beschrieben. Als kleiner Grundbesitzer hat man in einem Winkel seines Weinbergs oder Gartens einen Schuppen, um dort Geräte unterzubringen oder zur Siestazeit im Schatten zu ruhen, oder, bequemer noch, eine Zweitwohnung, die man den Sommer über benutzt – eine »campagne«, wie man in der Provence sagt, um deutlich zu machen, daß es sich nur um eine gelegentliche Unterkunft handelt –, nach dem Vorbild der Reichen, die sich eine Wohnung in ihrem Landgut halten oder in der Nähe ein »château«, ein Herrenhaus bauen, um ihre Pächter überwachen zu können. Aber der Hauptwohnsitz bleibt das Haus in der Stadt, auf ihm beruht das gesellschaftliche Ansehen, und hier verbringt man den größten Teil des Jahres, wenn für die Feldarbeiten nicht gerade Hochsaison ist.

Zwar ist das Land nie ganz menschenleer. Aber wer jahrein jahraus dort lebt, erweckt den Anschein eines Ausgestoßenen, wenn nicht eines Parias, beispielsweise die Schafhirten, die am Rande der allgemeinen Ordnung stehen, beispielsweise das ständige Personal auf den großen und kleineren Gütern, den »mas« und »bastides« in der Provence oder im Languedoc, den »cortijos« und »haciendas« in Andalusien, der »massaria« in Süditalien oder Sizilien – letztere sind übrigens traditionell Zufluchtsorte der Wegelagerer und der Mafia, die materielle Grundlage einer Gegengesellschaft. Selten einmal, wirklich nur in Ausnahmefällen, findet man eine Gegend, in der aufgrund einer erfolgreichen Agrarreform oder der alten Parzellierung des Bodens ein freier Bauernstand sich zu konsolidieren vermochte, um als Grundeigentümer oder Pächter den Boden zu nutzen. Die Regel sind Halb- und Teilpächter, Knechte, vor noch nicht allzu langer Zeit Sklaven – wer außerhalb der Stadt wohnt, dient einem Brotherrn, es ist das sichere Zeichen für ein Abhängigkeitsverhältnis.

Nichts faßt die Widerstände, die zu überwinden sind – oder zu überwinden gewesen wären –, besser zusammen als die Hinweise, die ein Büffelhüter einer »massaria« in der Ebene von Paestum um 1950 Rocco Scotellaro anvertraute: »Wenn ich so meine Büffel hüte, denke ich oft an all die anderen, die jetzt spazierengehen... All jene, die in einer Bar sitzen und sich eine Limonade, einen Kaffee und überhaupt dies und jenes leisten können, und jene erst, die jeden Abend ins Kino gehen. Ich habe auch meine Wünsche; wenn ich nur nie mehr einen Spaten anrühren müßte, nie mehr todmüde wäre, keine Büffel mehr hüten müßte, um sieben zu arbeiten anfangen und um fünf Feierabend machen könnte. Den Abend möchte ich im Städtchen verbringen. Selbst wenn man kein Geld hat, man braucht nur um sich zu schauen, um eine Bildung zu kriegen.« Sein Wunsch, paradox für einen Mann, der den Vorteil einer ganzjährigen Tätigkeit genießt, wo doch Anstellungen auf Zeit und die »disoccupazione« die Regel sind: ein schlichter Tagelöhner zu werden »und jeden Samstagabend seinen Lohn heimzubringen, ein wenig Geld zu haben, um sich ein Haus zu bauen«, aus dem ihn im Streitfall der Besitzer nicht gleich fortweisen kann. Und »ein Stück Land, um einen Garten anzulegen«. Und weil man ja doch für einen Brotherrn arbeiten, schuften, den Boden umstechen muß, wenigstens nichts mehr mit dem Vieh zu tun zu haben, das einem keinen Augenblick Ruhe läßt.

Träume, die wohl mehr als bloß materielle Ansprüche ausdrücken. Ein eigenes Haus: Symbol der Unabhängigkeit. Ein Garten: ein Ort, wo man für sich selbst arbeitet und nicht für einen Brotherrn, also ein gewisses Maß an Selbständigkeit hat. Entlohnung in bar – und nicht in Naturalien, wie die des Kuhknechts es zu einem guten Teil ist: Geld ausgeben können, auch einmal für Überflüssiges anstatt immer nur für das Allernötigste. Arbeit natürlich, aber eine Arbeit, bei der man dem Boden und dem Meister nicht mehr Zeit schenkt, als sie es wert sind, und die es erlaubt, am Gemeinschaftsleben teilzunehmen. »Eine Bildung kriegen«: nicht ein Bauernidiot sein, ein »cafone«. Und nicht unter Tieren leben, sondern unter Menschen. Das ist die erste

Bedingung, und doch ist sie für sich allein noch nicht hinreichend.

Denn die Stadt als Ort des Austausches, der Muße und des gesamten gesellschaftlichen Lebens, die zum Land – dem Arbeitsplatz, dem Ort des Lebens unter Tieren und der Produktion der materiellen Güter – einen schroffen Gegensatz bildet, ist nicht ein unkomplizierter, homogener Raum, in dem man ohne weiteres zum Städter wird, indem man ihn betritt, sondern eine enge Verschachtelung einer Vielzahl von Räumen, die nach ungeschriebenen und daher um so strengeren Gesetzen geordnet sind. An diesen auf jeder einzelnen Stufe des städtischen Lebens ablesbaren Ordnungen erweist sich die Vielschichtigkeit einer Kultur.

Der moderne Städtebau entstand im 5. Jahrhundert v. Chr. im Mittelmeerraum, in Griechenland, mit Hippodamos von Milet, der den Schachbrett-Grundriß erfand. Er triumphierte in jeder Epoche kultureller Standardisierung, wenn die systematische Reproduktion eines einmal festgelegten, als überlegen befundenen Modells an der spontanen Entwicklung eine Art Vergeltung übt: im hellenistischen Griechenland, in Rom, in der Renaissance und im Barockzeitalter, in unserer Zeit schließlich. Er proklamiert, Haussmanns Konzept vorwegnehmend, die funktionellen Bedürfnisse, mehr noch: die Transparenz des menschlichen Lebensraums – in der Idealstadt, die im Zeichen des Geistes steht, siegt die Ordnung über alles Dunkle. Aber die Bemühung um vollständige Offenheit stößt allemal an eine Grenze, an die Mauern der Basiszelle: des Hauses. Die entscheidenden Gegensätze scheinen sich dorthin zu verdichten: jener ganz wesentliche, der das Öffentliche vom Privaten scheidet, aber auch alle weiteren, durch die der Platz jedes einzelnen, Mann, Frau oder Kind, in bezug auf die anderen und auf die Welt festgelegt wird.

Ein oft sehr einfaches, elementares Haus: nichts weiter als ein Zimmer, drei mal drei Meter, mit einer Tür als einziger Öffnung, wie in den altertümlichen Städten Griechenlands, im ganzen Maghreb, in Sizilien oder in den »bassi« von Neapel. Noch heute stellt dies das Haus des Armen vor. Freilich wird es sobald wie möglich vergrößert, ein geschlossener Raum wird angebaut – die »zariba« der Araber –, fächert sich um einen Innenhof auf – das »atrium« oder der »cortile« der patrizischen Wohnsitze –, geschützt vor neugierigen Blicken. Das Ganze eher in die Breite als in die Höhe angelegt. Baut man in die Höhe, so werden schon bei den römischen »insulae« wie bei unseren modernen Mietskasernen jeweils gleiche Räume aufeinandergeschichtet. Denn das Haus entspricht immer demselben Bedürfnis: die Familie und ihren materiellen Besitz, inbegriffen die Tiere, unter einem Dach zu versammeln, sie vom Außenraum deutlich zu trennen und so jenes Gut zu schützen, das über allen anderen steht, die Ehre der Familiensippe und ihres Oberhauptes. Daher die Sühneriten, die auf seinen Bau einen glücklichen Einfluß haben sollen. Daher auch die Bedeutung der Schwelle als geheiligter Grenze zwischen innen und außen, als Schranke gegen die Kräfte des Bösen. Nicht jeder Fremde darf sie überschreiten, und wenn, dann kommt es auf das Wie an: die Frischvermählte wird, nachdem sie die üblichen, ihre Fruchtbarkeit gewährleistenden Weihegaben empfangen hat, von einem Familienangehörigen darübergetragen; ein Gast darf nur auf Einladung des Familienoberhauptes und nach Hinterlegung eines Geschenks eintreten.

Doch kaum ist die Schwelle überschritten, treten andere Gegensätze zutage. Denn wiewohl von der Außenwelt geschieden, wird das Haus in seinem Innern nach denselben Regeln wie sie geordnet und aufgeteilt. Es ist nur insofern die Domäne der Familie und des Privaten, als es die der Frau ist, der Nährerin und Gebärerin, und weil es der Ort der fundamentalen Lebensvorgänge ist: essen, schlafen, sich fortpflanzen. Die Anwesenheit des Mannes dort ist folglich strikt begrenzt. Tagsüber ist er davon ausgeschlossen, sein Platz ist anderswo, bei der Feldarbeit oder in der Stadt, auf dem Platz, im Café, im Kreis anderer Männer, und niemand wird etwas dabei finden, wenn er im Sommer bisweilen draußen schläft. Ist eine reicher ausgestattete Wohnung groß genug zum Empfang von Gästen, so wird sie in zwei

Hälften unterteilt, die Gesellschaftsräume und jene, die den Frauen vorbehalten bleiben: das Frauengemach des klassischen Griechenland – das vom Aufenthaltsort der Männer, dem »andron«, getrennt ist; der Harem – das Heilige, Verbotene – in der mohammedanischen Welt. Eine Urscheidung, die man selbst in den Nomadenzelten wiederfindet, wo ein Vorhang die beiden Räume trennt. Funktionell, insofern sie einer strikten Aufgabenteilung zwischen Männern und Frauen entspricht, ist diese Grenzscheide zugleich Symbolträgerin.

In seiner Analyse des Kabylenhauses, das er wie einen sinnvollen Text ausdeutete, in dem jedes Wort auf ein anderes verweist, hat P. Bourdieu gezeigt, wie vielschichtig die Ordnung der Gegensätze und Entsprechungen ist, die daraus einen Mikrokosmos, allerdings einen umgekehrten macht, denn wenn das Haus üblicherweise nach Osten ausgerichtet ist, fällt das Licht durch die Tür auf die hintere Wand, die westliche Außenmauer, während die Mauer mit der Türöffnung innen im Dunklen liegt – es ist die Wand, an der man die Kranken bettet. Die Logik der Sprache, die die beiden Seiten, innen und außen, verschieden bezeichnet, merkt sich diese Umkehrung der Kardinalpunkte im Innern des Hauses: die erste wird »von den Männern mit der Kelle verputzt«, die zweite »von Frauenhand geweißt und dekoriert«. Der Raum, der beim Eintreten linker Hand liegt – außen nach Süden, in Wirklichkeit also nach Norden ausgerichtet –, ist den Tieren vorbehalten; rechter Hand, erhöht und vom anderen Teil durch eine kleine Mauer geschieden, der Raum der Menschen, in der Mitte der oberen oder rechten Wand der Herd (»kanun«) und ringsum die Küchengeräte und Lebensmittelvorräte; die zur Aussaat bestimmten Körner hingegen werden in der dunklen Hälfte gelagert. An der dem Eingang gegenüberliegenden Wand der Webstuhl, vor dem der Gast willkommen geheißen und die junge Braut präsentiert wird. Der ganze Innenraum gliedert sich somit um diese Gegensätze zwischen hell und dunkel, Licht und Schatten, oben und unten, männlich und weiblich. Wie der Tod, so hängt auch die Fruchtbarkeit der Frau mit der Natur zusammen; die Sexualität des Mannes hingegen wird der Kulturseite zugeordnet. Während die Hauptstütze des Hauses – ein sich gabelnder Baumstamm – weiblich ist und die Gattin repräsentiert, erdnah, auf dem Boden fundiert, ist der Hauptträger männlich und wird mit dem Hausherrn gleichgesetzt, dem Beschützer, Verteidiger und Garanten der Familienehre.

Diese sorgfältige Deutung eines Extremfalls zeigt die heimliche Logik von Regeln und Verhaltensweisen, die wir von außen um so eher als Einzelphänomene wahrzunehmen geneigt sind, ohne sie in ihrem Zusammenhang zu begreifen, als sie in der zerstückelten, von der gleichmacherischen Gewalt der Modernisierung geprägten Mittelmeerwelt nur bruchstückhaft in Erscheinung treten. Wie viele Zeugnisse sind nicht aus der Vergangenheit auf uns gelangt, die wir unbeholfen als überkommen betrachten und deren Kontext wiederherzustellen uns nur mit Mühe gelingt: den der Aufgabenteilung und der Rolle der Frau, der Familie und der Ehre, der Hierarchie des Zusammengehörigkeitsgefühls.

Aufgabenteilung: der Mann grenzt sich von der Frau dadurch ab, daß er sich aus allen Bereichen heraushält, die ihr vorbehalten sind. Fortpflanzung: die Frau bringt die Kinder zur Welt, zieht sie auf, erzieht sie und hält sie in ihrer Obhut, die Mädchen bis zu ihrer Heirat, die es dem Vater oder gegebenenfalls den Brüdern erlaubt, die Verantwortung (endlich!) an einen anderen Mann abzutreten, die Knaben bis sie, oft sehr jung (siebenjährig werden sie, wie im klassischen Athen, noch heute im Maghreb beschnitten), unter Männern zu leben beginnen. Der Unterhalt des Hauses und die Zubereitung der Nahrung im weitesten Sinne: nicht nur putzen und kochen, sondern auch Brot backen, Wasser und Holz holen, sich um das Geflügel kümmern, und schließlich überall dort, wo die Heimarbeit, die seit Homer bezeugt ist, der Marktwirtschaft standgehalten hat, Wolle spinnen und Kleider für die ganze Familie weben: der Webstuhl steht, wie wir gesehen haben, im Kabylenhaus an einem Ehrenplatz, was alles selbstverständlich weder die Unterhaltung mit den

Nachbarinnen ausschließt noch den Schwatz am Brunnen, traditionsgemäß Ort der weiblichen Geselligkeit, von dem so manche Gerüchte oder Händel ihren Ausgang nehmen, aus denen sich dann wohl oder übel auch die Männer nicht heraushalten können. Es schließt auch nicht aus, daß die Frauen, wenn es an Arbeitskräften mangelt oder die Zeit drängt, bei den Feldarbeiten mitwirken, sei es, indem sie ihrem Mann oder ihren Brüdern helfen, sei es in Frauenarbeitstrupps, die für ganz bestimmte Einsätze angeworben werden. So ziehen jedes Jahr Scharen von Arbeiterinnen von Messina und Kalabrien zur Zitrusfrucht- und Olivenernte nach Catania, in gebührlicher Begleitung der Alten und eines Mannes vom Stamm. Aber alles in allem sind und bleiben diese Tätigkeiten außerhalb des Hauses die Ausnahme.

Die Arbeitsteilung, bei der die Männer den größten Teil der Landarbeiten verrichten, während die Frauen die Hausarbeiten übernehmen, würde für sich allein schon zur Rechtfertigung ihres Zuhausebleibens genügen. Die Kultur indessen macht in den meisten Mittelmeerländern aus diesem Zuhausebleiben eine Pflicht, einen Zwang, und gibt ihm einen anderen Sinn. Das Einsperren der verschleierten, verborgenen, für den Besucher unsichtbaren Frauen wird vom 17. Jahrhundert an ein nahezu banales Thema in jedem Bericht von Europäern, die Süditalien, den osmanischen Balkan, den Vorderen Orient oder Nordafrika bereisen, und so ist es bis auf den heutigen Tag geblieben. Sehr früh schon wunderten sich Besucher aus dem Abendland über diesen vollständigen Ausschluß vom öffentlichen Leben, obwohl sie doch daran gewöhnt waren, Frauen die gleichen Arbeiten verrichten und sie im selben Status politischer und bürgerlicher Nicht-Verantwortung leben zu sehen. In ihren Augen eine Frage der Zivilisation, und sie setzen – zu Unrecht – den Islam damit gleich: genau dieselbe Erscheinung ist aber im Griechenland des 5. Jahrhunderts v. Chr. zu beobachten. Wirklich muß ja die Frau zu Hause bleiben – »Dein Haus ist dein Grab«, lautet ein von P. Bourdieu zitiertes kabylisches Sprichwort –, aber doch weniger im Namen einer tatsächlichen, wiewohl nicht in der Natur liegenden untergeordneten Stellung – man denke an die Macht, die die Frau mit dem Alter erlangen kann, und an die lang währende Autorität einer Mutter über ihre Söhne – als aufgrund einer beinahe mythischen Spezialisierung der Funktionen. Ihre Fruchtbarkeit macht aus ihr das Instrument für den Fortbestand der Familie, mithin die Verwahrerin der männlichen Ehre – einer Ehre, die selbst ein Blick verletzen kann. Daher rührt die Befugnis der Männer, zu überwachen, auszuschließen, zu strafen, das Entscheidungsrecht – oder mehr noch die Entscheidungspflicht – über Leben und Tod, das dem Mann, dem Vater oder den Brüdern nach altem Brauch zuerkannt, sogar aufgezwungen wird.

Gleichzeitig wird die Fruchtbarkeit als geheimnisvolle und magische Kraft anerkannt, geschätzt und gepriesen, welche durch eine Reihe Riten, die sie entweder stärken oder brechen und aufheben sollen, abwechselnd beschützt und bedroht wird: sie steht beim Kampfe auf dem Spiel, sie ist Kultobjekt wie in allen alten Religionen des Mittelmeerraums, die die Mutter Erde verehren – die vielbrüstige Artemis von Ephesus, die griechische Demeter und ihre Tochter Persephone, von Hades in die Unterwelt entführt und zur Gemahlin genommen, die römische Ceres – und ihr einen üblicherweise männlichen Hüter beigesellen, eine untergeordnete Gottheit, die dazu verdammt ist, wie die Pflanzenwelt jedes Jahr zu sterben und wiedergeboren zu werden.

Als Beherrscherin des Geburts- und Todeskreislaufs unterhält die Frau vorzügliche Beziehungen zu den Mächten der Unterwelt. Ausgeschlossen von den Göttertempeln und von den auf der Straße und an öffentlichen Plätzen zelebrierten Kultzeremonien (und wenn sie doch zugelassen ist, dann strikt von den Männern getrennt), herrscht sie über die Friedhöfe, die allein sie betreten darf. Ihr obliegt die Pflege der Toten, sie ist ihre Fürsprecherin. Seit der griechischen und römischen Antike bezeugt, von der Kirche vergeblich verurteilt und letztlich meist von ihr toleriert, sind die Klageweiber ein Bestandteil der traditionellen

Begräbnisriten und Totenehrungen. Im Maghreb, in Sizilien und Kalabrien sieht man sie noch heute, die Älteste der Familie voran, wenn sie bei Todesfällen ihr Klagen anstimmen. Nehmen wir als früheres Beispiel aus Montenegro die Beschreibung des Abts Fortis in seinem *Brief über die Sitten und Gebräuche der Morlaken* (Bern 1778). »In der Kirche besingen die weiblichen Angehörigen des Verstorbenen und bezahlte Klageweiber in schauerlichem Ton sein Leben [...]. Im ersten Jahr nach der Beerdigung eines Verwandten werden ihn die Morlakenfrauen zumindest an jedem Festtag erneut an seinem Grab beklagen und Blumen und wohlriechende Kräuter ausstreuen. Sind sie einmal verhindert und können dieser Pflicht nicht nachkommen, entschuldigen sie sich beim Toten, indem sie mit ihm sprechen, als lebte er noch [...]. Sie erkundigen sich bei ihm nach Neuigkeiten aus der anderen Welt und richten oft die sonderbarsten Fragen an ihn. Sobald die Leiche beerdigt ist, begeben sich die Männer ihrerseits zum Schmaus ins Haus des Verstorbenen.«

Die große Bedeutung, die nicht nur der Fruchtbarkeit, sondern auch der Keuschheit der Frau beigemessen wird, verstärkt den heiligen und verschlossenen Charakter des Hauses; seine äußere Begrenzung fällt mit den Schranken der Ehre zusammen. Die europäischen Gesellschaften haben sich dem aristokratischen Modell angeglichen, das die Ehre weniger als Beziehung zu anderen denn als solche zu sich selbst begreift, als *per definitionem* von außen unangreifbaren moralischen Wert, und sie nehmen es hin, daß er *de facto* der Oberschicht vorbehalten bleibt. In der mediterranen Welt hat die Ehre für das Gesellschaftsganze denselben Wert, für die Armen wie für die Reichen, und für die Armen sogar noch einen höheren als für die Reichen; sie ist das einzige Gut, das denen bleibt, die nichts haben. Sie nimmt einen konkreten, objektiven Sinn an und wird mit einigen genau bestimmten körperlichen Kriterien in Zusammenhang gebracht, zum Beispiel der weiblichen Keuschheit. Gleich den Hausmauern wird die Ehre als Scheidewand und Schranke wahrgenommen: »Eine Wand«, schreibt Bichr Farès im Hinblick auf die arabische Welt, »die den, dem sie eigen ist, vom Rest der Welt trennt [...] eine Schranke, die den Einzelnen oder die Gruppe vor äußeren Angriffen abschirmt.« Auf diese Weise wird sie mit einem Raum und mit der Gruppe, die dort lebt, identifiziert – für die Frauen ein passiver Wert, für die Männer ein aktiver, unter die Obhut des Familienoberhaupts gestellt, das gewährleisten muß, daß sie niemals verletzt wird – denn sie kann nur verloren werden –, ist sie in erster Linie ein Gemeingut und nicht das eines Einzelnen. Sie wird zur persönlichen Angelegenheit einzig in christlichen Gesellschaften, für die das Paar und nicht die Abstammung grundlegend ist.

Ein weiteres Mal liefert der von den Ethnologen besser erforschte Islam die kohärentesten Beispiele. Wie jene des alten Rom, die auf der »gens« beruht, reproduziert die mohammedanische Gesellschaft eine Struktur agnatischer Sippen, in der allein die väterliche Abstammung zählt, und die sie seit ihren beduinischen Ursprüngen bewahrt hat: eine Struktur, die sie mit dem Gesetz des Koran in Einklang bringen muß, das auch den Mädchen ihr Erbteil zuspricht. Wo immer es einem starken und hierarchisch geordneten Staat nicht gelungen ist, sich auf Dauer durchzusetzen, beruht sein staatliches Gleichgewicht auf dem Gleichgewicht der Sippen untereinander. Die Kernfamilie integriert sich folglich in ein größeres Ganzes, das sich zum geschlossenen Raum erklärt, wobei der Austausch der Frauen genauen Regeln unterworfen wird: nur durch strenge Endogamie, in der »Kusinen ersten Grades väterlicherseits« bevorzugt werden – die Töchter eines Bruders des Vaters –, läßt sich die Zersplitterung und Streuung des Besitztums der Gruppe verhindern. Gewaltsam oder eigenmächtig eine Frau aus einer Nebensippe nehmen, erhöht die Ehre der Gruppe, eine hergeben verringert sie.

Dadurch, daß allein die väterliche Abstammung zählt, werden die Grenzen dieser räumlichen Übertragung der Familienbeziehungen regelmäßig nachgezogen und verstärkt. Frauen, die sich außerhalb der agnatischen Gruppe verheiraten, und ebenso ihre

Abkömmlinge werden bei jedem Generationswechsel von der Nachkommenschaft ausgeschlossen. Jeder Verwischung der Stammesgrenzen, das die Gesellschaft ins Wanken bringt, kann der Stamm die Markierungszeichen seiner Umrisse entgegensetzen, die nicht nur materiell sind – nämlich der gesamte Besitz, ein »Territorium« –, sondern zugleich immateriell: die Hierarchie des Zusammengehörigkeitsgefühls, die den Platz eines jeden innerhalb der Gruppe bestimmt, das, was seine Schuldigkeit ist und was ihm zusteht. Sie legt eine einzige Achse durch die Zeit, deren Kontinuität allein die Söhne sichern können, und so begründet sie die männliche Vorherrschaft über die Frauen, eine Vorherrschaft, die nicht auf die islamische Welt beschränkt, sondern für den gesamten Mittelmeerraum typisch ist, aus vielschichtigen Gründen übrigens: dem Erbe Roms, das selbst aus dem Handel hervorgegangene patrizische Familien der italienischen Renaissance das alte Gesetz des Fideikommiß wiederentdecken läßt; der eigenartigen Tradition der Ostkirche, welche die Heirat der Mädchen strikt von der elterlichen Einwilligung abhängig macht; der Überreizung des Ehrgefühls in Berührung mit dem Islam, so im mittelalterlichen Kastilien. Jedenfalls ist der öffentliche Raum überall vornehmlich das Terrain des Mannes, Recht und Pflicht zugleich, denn ein Mann ist nur, wer sich den Blicken der anderen aussetzt, sie herausfordert und sich ihnen stellt. Dieser öffentliche städtische Raum, in welchem er auftreten hat, wird von zwei Seiten auf natürliche Weise definiert. Einerseits durch das Haus, den Ort der Ruhe und des Schlafs, das aber ein geschlossener, privater, weiblicher, geschützter und zu schützender Raum ist, andererseits durch den offenen Raum, das Land, die Landschaft in ihrer Fläche und »Leere«, die der Ort der Arbeit und der Natur ist. Der städtische Raum ist also ein Wirkungsraum, in dem nicht gearbeitet wird: Ort der Rituale und Feste, des Gebärden- und des Schauspiels, der Freizeit und des Zeitvertreibs.

Ort der Rituale: keine Stadt ohne mythischen oder tatsächlichen Gründer, ohne Helden oder heilige Persönlichkeit, ohne

Zentrum, das gleichzeitig politisch und religiös ist, ohne Einfriedung, die sie in der Art des römischen Pomeriums klar vom Land scheidet und sie unter göttlichen Schutz stellt, ohne deutliche Orientierung: anhand ihres Grundrisses, sofern er regelmäßig ist, des »cardo« und des »decumanus«, die einander rechtwinklig schneiden; anhand ihrer Entwicklungsachse oder der Wege, die sie entstehen ließen und die an ihren Pforten enden, sie aber über das Land, durch die Wüste oder übers Meer mit anderen Städten verbinden; oder anhand des Chors ihrer Kirchen oder der Richtung der Gebete. Jede Stadt gewinnt ihren Sinn und ihre Wirklichkeit aus einem System von Orientierungspunkten.

Wie sie auch geplant sei, geometrisch oder offen, die Stadt ist so gegliedert, daß zwischenmenschlicher Austausch stattfinden kann, mehr ein Austausch von Zeichen und Symbolen als von Waren. Dessen Schaustätte ist selten die Straße, die, weil vorwiegend eine Passage, meist eng und verstopft ist und die sich die Häuser wie einen Hof anzueignen versuchen: der Barbier stellt dort ein paar Stühle auf, um seine Kunden zu rasieren, und die Kinder erledigen ihre Schulaufgaben oder spielen unter der Aufsicht der strickenden oder häkelnden Frauen. Der wahre Mittelpunkt des gesellschaftlichen Lebens liegt anderswo; es ist der Platz, in den der ganze Verkehr und das chaotische Treiben der Sträßchen münden. Das Gemeinschaftsleben, soweit es besteht, wird hier gegen Übergriffe der Privaten besser abgeschirmt, und so ist er der Inbegriff der öffentlichen Sphäre, seit der griechischen »agora« und dem römischen »forum« eine Konstante des mediterranen Städtebaus: die Plaza Mayor, unverzichtbares und häufig prunkvolles Dekor der spanischen Städte; die schmalen, an den Hafen gedrängten Plätze der griechischen Inseln; der Platz der Signoria oder der Comune in den Städten Mittelitaliens; der Große Platz von Dubrovnik – Placa –, der sich von einem Stadttor zum anderen erstreckt und die Altstadt in zwei Teile zerschneidet. Dies ist der Ort der Begegnungen und der Palaver, der Bürgeraufläufe und Massenkundgebungen, der feierlichen Erlässe und der Hinrichtungen.

Ursprünglich ein einfacher Versammlungsort, wird er früh schon von Säulenhallen und Arkaden eingerahmt, die vor Sonne und Regen schützen. Er beherbergt nur in Ausnahmefällen den Markt, doch ringsum stehen die bedeutungsschweren Kirchen- und Staatsbauten, für die er zugleich Vorraum und Vorbühne ist: für den römischen und den augusteischen Tempel und für die Kurie, für die Kathedrale und für den alten Palast des Podestà. Er ist Ausdruck der wirtschaftlichen und politischen Kraft des Gemeinwesens. Wächst die Stadt, so werden weitere, spezialisierte Plätze angelegt. Der Hauptplatz voran, bildet sich als Spiegel der gesellschaftlichen Verhältnisse allmählich eine ganze komplexe Hierarchie heraus: jedem Stadtteil, jeder ethnischen oder religiösen Gemeinschaft ihr Platz; Plätze nach Funktionen; Markt-, Kult-, Versammlungs-, Festplatz; ein Platz mit dem Zuschnitt einer Straße – der »corso« –, an dem die Häuser der Reichen und die Luxusgeschäfte liegen und über den Umzüge und Prozessionen führen; jedem Platz endlich sein Kolorit, aristokratisch oder volkstümlich. Jedenfalls genügt im kleinsten Marktflecken ein eng begrenztes Terrain neben der Kirche oder beim Bürgermeisteramt, dazu ein Café, einige Bäume, ein wenig Schatten, damit die Männer zusammenkommen und Öffentlichkeit sich entfaltet.

Das eigentümliche Schicksal der mohammedanischen Städte hat dort eine andere Raumordnung befördert, in der die Funktionen des Platzes aufgesplittert sind. In der Stadtmitte gibt es für die Männer keine andere Versammlungsstelle als die Moschee und ihren Hof, umgeben von Medressen, »hans« und Bädern. Hier werden Machtentscheidungen verkündet, hier lassen Beter im Namen des Herrschers sich vernehmen. Handel wird in den Basaren und Suks betrieben. Die größten Plätze befinden sich jedoch bei den Stadttoren, dort wo die Karawanen einziehen und die Kamele entladen werden.

In Gäßchen, Straßen und Plätzen zeichnet sich so der Raum der Muße ab. Die Gruppe stellt sich hier zur Schau, bespiegelt sich selbst. Die Männer, die hier unterwegs sind, reden und sich versäumen, kommen nicht her, um zu arbeiten. Sie waren nachts mit dem Fischerboot draußen oder verbrachten den Tag auf dem Feld. Oder sie arbeiten, wie es im Mittelmeerraum fast die Regel ist, auf Abruf, wenige Wochen im Jahr, in Erwartung einer ungewissen Anstellung. Oder sie haben, was immer häufiger vorkommt, ihr Arbeitsleben schon abgeschlossen, verbrachten es in Amerika oder Deutschland, in Venezuela oder Australien und sind heimgekehrt, um das Alter bei den Ihren zu verbringen. Die Stadt hat so ihre eigene Zeit, einen zwingenden Rhythmus, der nicht mit dem eintönigen und regulierten der Arbeitszeit übereinstimmt; es ist der unstete Rhythmus des Schweigens und Redens, der ausgiebigen Erörterungen, die jeder Entscheidung vorhergehen, jedes Geschäft begleiten, jedes Ereignis kommentieren; der des Flanierens, der »passeggiata« oder des »paseo«; der des langsam geschlürften Ouzo: man geht nicht ins Café, um zu trinken, sondern um seinen Platz unter Männern zu haben; der des Spiels schließlich, das im mediterranen Leben eine zentrale Bedeutung hat – man denke an die Kartenspieler, ein Bild Cézannes, oder die nicht minder berühmte Szene bei Pagnol, aber auch die markierten Spielfelder, die auf dem Boden des Forum Romanum freigelegt wurden, die Knöchelchen und Würfel, seit Cäsars Zeiten Sinnbild des Zufalls. Allenthalben wird gespielt – wenn man arm ist auf der Straße, öfter in einem öffentlichen Lokal, in einem Café oder auf einer Terrasse, oder, wenn die Sozialspaltung unübersehbar wird, in einem Klub oder Verein. Jede andalusische Stadt hat ihren »Verein der Ackersleute«, jedes Städtchen in Sizilien einen oder mehrere Vereine der »galantuomini«, einen Ort, der das gesellschaftliche Zusammengehörigkeitsgefühl durchbricht, kein Zweifel, aber wo man unter seinesgleichen ist, um sich gegenseitig herauszufordern. Denn wo gespielt wird, da wird auch gewettet.

Natürlich gibt es geschäftige, hektische Städte wie Barcelona, Marseille oder Genua, die heute wieder vom Strom der Weltwirtschaft erfaßt werden. Aber das sind eher Ausnahmen. Überall sonst gelten noch immer, wie schon im perikleischen Athen auf dem Höhepunkt seiner Macht als Gewerbe- und Handelsplatz, die Werte des Müßiggangs, der Gelassenheit, der Muße. Die Arbeit ist Sache der anderen, wenn nicht überhaupt der Sklaven. Und die einzige Tätigkeit, die in jeder Stadt anerkannt wird: der Handel, der Warenaustausch, wird ebenfalls in gemächlichem Rhythmus ausgeübt. Niemandem, man weiß es, ist daran gelegen, ein Geschäft schnell abzuschließen. Kaufen und verkaufen, gewinnen oder verlieren scheinen zur Nebensache zu werden, wenn es ums Feilschen geht, darum, die Erwägungen in die Länge zu ziehen, die abgebrochen und wiederaufgenommen werden und erst dann ein Ende finden, wenn die beiden Akteure dies für angemessen erachten, sich gegenseitig dazu beglückwünschen, wie wunderbar sie gespielt haben.

So wichtig es auch ist, die Blicke der anderen auf sich zu ziehen, es genügt keinesfalls. Die Zurschaustellung wäre verlorene Liebesmühe, wenn sie sich nicht vom Individuellen aufs Kollektive übertragen ließe. Sie erheischt jene Großanlässe, zu welchen die Gruppe als Ganzes mobilisiert wird und die ihr erlauben, ihren Zusammenhalt auf die Probe zu stellen, ihn zum Ausdruck zu bringen, zu bestätigen, ihn in seiner ganzen Macht zu erkennen und dadurch das Selbstvertrauen neu zu bekräftigen. Sie markieren die hohen Zeiten des gesellschaftlichen Lebens. Im Altertum war es das Theater, waren es die Zirkusspiele, die Wagenrennen und die Gladiatorenkämpfe, deren Verurteilung durch die römischen Sittenlehrer uns ihren religiösen Ursprung und ihre religiöse Bedeutung verstellt. Heutzutage ist es überall oder beinahe überall der Sport, in Spanien der Stierkampf, sind es die großen kirchlichen Feiern und die Volksfeste, wie sie in gewissen italienischen Städten regelmäßig begangen, genauer: inszeniert werden, lärmende Zeugnisse einer noch nicht verriegelten Vergangenheit. Es handelt sich durchweg um männliche Spiele, die von Männern für Männer ausgetragen werden. Der Sport in Gestalt des Mannschaftssports (in erster Linie der Fußball) ist sicher weniger seines athletischen Wertes wegen an die erste Stelle gerückt, als vielmehr deshalb, weil er, obschon vielfach verzerrt, eine Funktion angenommen hat, die Aristoteles der griechischen Tragödie zuwies: die der Läuterung der Leidenschaften, die den Zuschauer während der Vorstellung hinreißen bis zum Paroxysmus. Darin gründet die Entfesselung von Gewalt unter den Anhängern, die jener der Kämpfe zwischen politischen Lagern entspricht: unmöglich, der Schönheit des Spieles wegen einer Begegnung beizuwohnen als neutraler Beobachter. Daher wird auch ein Sieg wie ein Triumph gefeiert, die ganze Stadt identifiziert sich, wiewohl nur für einen Moment, mit ihrer Mannschaft.

Auf subtilere Weise spielt der Stierkampf auf zwei Registern, die ineinandergreifen, ohne sich zu vermischen. Zunächst ist da offensichtlich ein feierlicher Anlaß, zu dem an demselben geschlossenen Ort, in der Arena, die ganze städtische Gesellschaft zusammenkommt – alle Klassen vereint, allerdings nicht vermischt –, um gemeinsam das Spektakel zu genießen, die gleichen Ängste auszustehen, denselben Helden zu bejubeln. Dann aber ist da noch eine intime Anteilnahme, jene in sich vibrierende emotionale Beziehung, die unter der Bewußtseinsschwelle den Zuschauer mit dem Paar verbindet, welches das Tier und der Mann bilden, der es mit Mut und Intelligenz bändigt, bevor er es tötet, als müßten sich die beiden bravourösen Gegner die Waage halten, um den schließlichen Todesstoß zu rechtfertigen.

Das Spektakel nimmt freilich andere Dimensionen an, sobald es sich von der Arena oder dem Stadion löst und die Stadt selbst zur Bühne macht, die Grenze überschreitet, die Akteure und Zuschauer trennt, die ganze oder einen Großteil der Bevölkerung auf die Beine bringt. Dies war offenkundig die Funktion der großen Prozessionen, bei denen die gesamte Einwohnerschaft durch die Stadt zog, jeder an seinem Platz und auf dem ihm entsprechenden Rang, in einer zugleich politischen und religiösen Zeremonie – der Fries der Panathenäen hat dazu das klassische Modell festgelegt. Doch das Beispiel des römischen Karnevals zeigt, wie wandelbar diese Art von Festen ist, wie leicht der feierliche Anlaß zur zweckhaften Veranstaltung verkommen kann, sobald die Macht ihn für sich reklamiert. Es gibt in den Kleinstädten Süditaliens, zugleich archaisch und ärmlich, aber dem ursprünglichen Modell durchaus verwandt, noch solche Feste. Denn Italien ist ausnehmend reich an volkstümlichen Ritualen. Die Rennen auf ungesattelten Pferden, wie sie heute noch in Siena der Brauch sind, waren ein regulärer Bestandteil des »palio«, der vor hundert oder hundertfünfzig Jahren allerorten ausgetragen wurde, exemplarisch in Rom auf dem Corso.

Wie in diesen Fällen, so verbirgt sich auch beim Fest der Weihekerzen – der »ceri« – in Gubbio und beim Fest der Lilien – der »gigli« – in Nola, wo die Teilnehmer mehrere Zentner, gar mehrere Tonnen schwere »Holzmaschinen« durch die Stadt tragen, hinter dem religiösen Vorwand, einem Schutzheiligen zu huldigen, ein zweifaches Programm. Das eine ist sportlicher Natur, denn es werden dabei die jungen Männer körperlich auf die Probe gestellt. Das andere ist politisch und staatsbürgerlich, denn diese Feste haben zum Ziel, die Stadtteile in einem Turnier zu versöhnen, dessen Ausgang den Gründungspakt erneuern und damit symbolisch den stets zerbrechlichen und bedrohten Ordnungsraum der Stadt befestigen soll.

Fernand Braudel

Venedig

Als Kinder erträumten wir uns das Glück eines Robinson Crusoe, träumten von der Insel, an der wir stranden würden, von den Gelegenheiten und Schätzen dort, die nur darauf warteten, von uns genutzt und gehoben zu werden – Bäumen, die wir in riesige, zugespitzte Pfähle verwandeln würden, um sie vor unserer Höhle einzurammen, wo sie dann wieder Äste und Blätter treiben würden. Wir träumten von einem Leben voller sonderbarer Dinge und unerhörter Begebenheiten in einem unzugänglichen Reich, auf einer Insel der Freiheit, die gewissermaßen die Frucht eines anderen Entwurfs des Alltags wäre.

Auch Venedig ist eine Insel, ist eine andere Welt, eine für Erwachsene oder für groß geratene Kinder, die noch Träume haben. Gewiß keine unzugängliche Insel, aber gelangt man jemals dahin? Man hat sich, bevor man es kennenlernte, zu viele Vorstellungen davon gebildet, als daß man es jetzt noch so zu sehen vermöchte, wie es ist. Wir lieben es durch uns selbst hindurch. Zauberei, Vorspiegelung, Vexierbild, Zerrspiegel, das ist, was es ist, was wir wollen, daß es ist. »Venedig, wie ich es wollte!« ruft Musset aus, als er in einer Winternacht 1833 zum ersten Mal dort ankommt; während Jean-Paul Sartre von Kanal zu Kanal, von Insel zu Insel »wie rasend das verborgene Venedig« sucht, »das wahre Venedig«, auf das er »immer anderswo« stößt, »das stille Geheimnis«, das er ständig vor sich sieht und doch in weiter Ferne, »am andern Ufer«, unerreichbar. Es ist seine Unwirklichkeit, die an Venedig so berückend ist, die seinen Mythos und seinen Reiz bestimmen. Halb wirklich wahrgenommen, halb erträumt, verschließt sich diese Welt wie von selbst vor uns. Wir haben es auch gar nicht anders erwartet. Jeder von uns liebt Venedig auf seine Art, anders als der nächste, und dringt, wie es ihm richtig scheint, in die Stadt ein, findet darin, was er will: Lebensfreude, Hinfälligkeit, den Tod, einen Ort zum Aufatmen, ein Alibi, eine Extravaganz oder das Gelenk einer anderen Existenzweise.

Das göttliche und dämonische Wasser

Eine zugleich unwirkliche und wirkliche Stadt. Vielleicht weil sie sich, zwischen Wasser und Himmel, aus dem Nichts zu erheben scheint, weil sie nicht wie alle anderen Städte das ordentliche Zusammenspiel von Land, Licht, Wasser und Grünflächen darbietet. Das Land, auf dem sie steht, ist unauffällig, so sehr dem Blick entzogen, daß nur der Wasserspiegel und die Himmelsfläche zählen. Freilich ist Land vorhanden, aber allein in Gestalt jener Sandbänke und seichten Nehrungen, die sich in der Lagune knapp über dem Wasserspiegel lagern. Damit dieser Boden Venedig zu tragen vermag, mußte er neu fundiert, mit Steinen und mit Tausenden oder Millionen von Pfählen, senkrecht in den Grund gerammten Eichenstämmen befestigt werden. Venedig erhebt sich auf einem versunkenen Wald.

Bei der geringsten Unachtsamkeit, der geringsten Nachlässigkeit schwillt das Wasser an, tückisch, schwer in Schranken zu halten, und droht mit Überschwemmung – das Wasser der Lagune, das Wasser des nahen Adriatischen Meeres, das Schmelzwasser aus den Alpen, das Flüsse und Bäche auf die Stadt zuwälzen. Und im Winter, November, Dezember, Januar, Februar, gibt es, während Sturmböen den Himmel aufreißen, Regengüsse von solcher Heftigkeit, daß manche der hohen Schornsteine gefällt werden und im aufgepeitschten Wasser der Kanäle Hunderte von Gondeln untergehen. Um nicht durch den Morast und das Brackwasser der »calli« und schmalen Gäßchen waten zu müssen, gingen die Venezianerinnen einst – noch Ende des

17. Jahrhunderts – auf »calcagnetti«, merkwürdigen Holzabsätzen, Stelzen eigentlich, auf denen sie sich mehr als 40 Zentimeter über dem Boden befanden. Heute noch steht das Wasser auf den Straßen, füllt jede Höhlung des Steins, sobald ein tüchtiger Platzregen niedergegangen ist.

Wasser, Wasser überall; es ist der Stoff, der Werkstoff der Stadt. Vor allem das Wasser der Lagune, die die Urmutter Venedigs ist. Aber wer weiß das schon? Selbst die glanzvollen Kanäle, deren Bild in unseren Erinnerungen leuchtet, sind Folgeerscheinungen, sind nicht Ursache. Am Ursprung steht jene seichte Fläche, die die Stadt umgibt und umschließt, jene Wasserfläche, die zur Adria hin weder dicht abgeschlossen noch gänzlich offen ist. Ohne sie wäre nichts möglich gewesen. Hier liegen die Anfänge, liegt die Erklärung für Venedig, von hier geht es aus, von diesen beinahe horizontlosen Räumen, durch die wie im Schlaf die Schiffe gleiten, zwischen den »pali«, den zu dreien oder vieren zusammengebündelten Pfosten, die die sichere Strecke markieren – vermutlich, der Gedanke gefällt mir, entlang den Mäandern der uralten Flußbette, die vom Salzwasser überschwemmt wurden und nun in aller Stille als Leitlinie dienen, denn sie allein sind für die Motorboote, die Langstrecken-»vaporetti«, tief genug. Wurde früher Venedig bedroht, so tat man nichts weiter, als die »pali« zu entfernen, und schon war die Lagune für fremde Wasserfahrzeuge wieder unschiffbar, ein undurchdringliches Ödland.

Nur die Venezianer kennen diese erstrangige Bedeutung der Lagune und haben sie besungen, haben sie in gelehrten Büchern beschrieben. Der von der Stadt faszinierte Fremde blickt ein wenig geringschätzig auf diesen Strandsee, der in ihr aufgeht wie eine zählebige Pflanze in ihrer Blüte. Kein Fremder mag sich hier verlieren, mag sich verhexen lassen von diesen glatten, irisierenden Wasserflächen, die im Tageslicht nacheinander weiß, blau, rosa, grau, seltener violett, noch seltener grün sind, wie die Kanäle der Stadt und so wie Albert Marquet sie gemalt hat. Am fernen Horizont zeichnen sich die Riffe oder Nehrungen schwach als ockerfarbene Streifen auf dem Wasserspiegel ab.

Manche ihrer erlauchten Gäste sprechen von der Lagune sogar als von einem toten Raum, »ebenso trist wie die römische Campagna«. Aber ist die römische Campagna so trist? Und ist das »ewige Schweigen« der Lagune so monoton? Als grüne Flekken unterbrechen sie Dutzende, ja wohl an die hundert in Abständen verstreute Inseln: Weideland, Bäume, Häuser; hier eine Stiftsschule; dort ein Hospital oder ein Kloster; Obstgärten, Gemüsegärten, mit deren Früchten, Gemüsen und Blumen reichlich beladen Schiffszüge auf den Rialto zusteuern, den Großmarkt Venedigs. Casanova ergötzte sich an diesem Schauspiel, an den Lastkähnen, die vollgepackt mit Melonen und Wassermelonen übers Wasser gleiten. Und noch immer sieht man Fischer am Werk, denn das nicht sehr tiefe Wasser der Lagune ist unverändert fischreich und deshalb übersät mit Kähnen unter ockerfarbenen und roten Segeln, für welche die romantischen Maler Venedigs handfertige Begeisterung hegten. Jedenfalls liegen hier, in der Lagune, die gleichzeitig Sumpf, seichtes Gewässer und Strömungsfeld von Quellwassern ist, die Wurzeln Venedigs, hier begann es zu leben, als sie in weit zurückliegenden Zeiten natürliche Zuflucht vor dem Ansturm der Barbaren bot, insbesondere in der Epoche der Langobarden, im 7. und 8. Jahrhundert. In der Umgebung von Fischerhütten – die vielleicht den Unterständen auf Pfählen glichen, denen man noch heute begegnet, wenn man sich auf der Lagune verliert –, unter Bauern, die da im Sand harken, um ihm eine karge Frucht abzugewinnen, unter Sammlern und armen Salzverkäufern, errichteten einige begüterte Grundbesitzer von der Terra Ferma ihre Refugien. Auf jeder der flachen Inseln in der Lagune wurde ein Dörfchen, ein Städtchen gebaut, sobald Beziehungen mit dem Meer und mit dem nahen Italien angeknüpft waren. Schließlich sollten richtige Städte entstehen. Zunächst in Malamocco, im Süden des Lidos, wo eine weite Öffnung im Gelände auf die Adria weist; dann in Torcello, heute wieder karges Weideland, dessen einstiger Reichtum buchstäblich dahin ist, weil die hydrographischen Bedingungen in der Lagune sich zu seinem Nachteil änderten: unheilvolle Anschwemmungen, die tote Wasser entstehen ließen, umschlossen es und besiegelten sein Schicksal. Torcello ist heute Ödland, von seinem erloschenen Glanz zeugen nur noch einige romanische Brücken, der Rundbau der Kirche Santa Fosca, die aus dem 8. Jahrhundert stammen soll, sowie die Kathedrale mit ihren byzantinischen Mosaiken aus dem 13. Jahrhundert, ihrem Campanile und ihren abgestuften, von rotgelben Ziegeln eingefaßten Kuppeln. Man mag sich überlegen, was aus Venedig selbst, aus dem um den Rialto herum gebauten Venedig geworden wäre, wenn das Wasser es ähnlich hintergangen hätte wie Torcello und als unheimliche Zeugen davon einzig die Markuskirche und der Campanile übriggeblieben wären.

Aber das Wasser hat es nicht hintergangen. Sooft Venedig bedroht war, sooft es bedroht ist, bemühte und bemüht man sich um seine Rettung. Venedig, das ist eine Penelopearbeit. Anders als um diesen Einsatz hätte es nicht zu wachsen, hätte es sich nicht zu entwickeln vermocht, und da mehr als eine Stadt hier nicht zur Blüte kommen konnte, lebten die anderen Inseln in der Lagune im Schatten Venedigs, so gut es eben ging. Murano wurde die übervölkerte Insel der Glasbläser, weil Venedig nach 1290 die gefahrenreiche Feuerkunst nicht mehr bei sich duldete. Burano hat bescheiden von der Arbeit seiner Spitzenklöpplerinnen und seiner Fischer gelebt. Der Lido, sonderbare Insel, nichts als ein Streifen Land, blieb lange Zeit ein verlassener Strand; im 16. Jahrhundert ließ die Signoria dort ihre Geschütze erproben, und aus Ungarn und Polen eingeführte Ochsen erholten sich von den Strapazen ihrer beschwerlichen Reise, bevor sie in die gefräßigen Schlachthöfe beim Rialto wanderten. Die venezianischen Patrizier kamen dorthin, um sich im Armbrustschießen zu üben und ihre Falken abzurichten. Byron hatte seine Pferde dorthin bringen lassen, und er und Shelley ritten Tag für Tag über die zehn Kilometer leeren, von der Flut gehärteten Sandstrände, berauscht vom Raum und der Einsamkeit, vom Wind und den

Meeresgerüchen. Heute ist der Lido ein Seebad geworden, gräßliche Hotelviertel im Stil von 1900 und, was weniger arg ist, eine Kinokapitale.

Wird einem Venedig also begreiflich, wenn man einen Blick von der Höhe des Campanile von San Marco oder von einem Helikopter aus auf die Lagune wirft, oder doch mit dem »vaporetto« nach Chioggia im Südwesten quer hindurchfährt? Gilt es nicht vielmehr, sich auf seinen Gewässern umzutun, sich darauf ein wenig zu verlieren? Die Lagune ist der Raum des venezianischen Lebens, der venezianischen Geschichte: die Lagune sein Schirm, die Lagune, die es mit der Flut bedrängt und mit der Ebbe ausfegt, das Tor zur Welt. Die Nehrung, die sie begrenzt, hatte einst fünf nur schwer durchquerbare Öffnungen, heute sind es noch drei: San Nicolò, Malamocco und Chioggia. Malamocco, das bedeutendste dieser Tore, war lange Zeit die einzige, wenngleich schwierige und mit Absicht schwierig gehaltene Durchfahrt. Die Venezianer, erklärte Montesquieu, »wagen es nicht, ihren Malamocco-Kanal zu vertiefen, aus Furcht, feindliche Flottenverbände möchten durch ihn eindringen«.

Aber die Lagune, die die Stadt schützt, »vero propagnacolo della pubblica libertà«, ist selber fortwährend gefährdet: der Sandgürtel, der sie abschirmt – die »lidi« –, kann jederzeit von den Adriafluten durchbrochen werden; durch das Material, das die Flüsse anschwemmen, droht sie zu versanden; schließlich lassen die Flüsse, wenn sie Hochwasser führen, auch ihren Wasserstand ansteigen – dann überschwemmt sie die Stadt. Ob nun Süß- oder Salzwasser sie letztlich auslöst, diese Überschwemmungen, diese »acque alte, altissime, alte e notevolissime« setzen regelmäßig den Markusplatz unter Wasser, so daß manchmal »si naviga per la piazza« (man per Schiff über den Platz fährt) (31. Oktober 1746) oder die »Merceria« selber sich in einen Kanal verwandelt. Noch in allerjüngster Zeit, in einem jener stets kritischen Monate, wenn das Absinken des Bodens die bekannten dramatischen Probleme hervorruft, waren Fotoaufnahmen des unter Wasser stehenden, vom Nebel bedeckten Markusplatzes zu sehen, Holzstege von einem Ende zum anderen und darauf ein einsamer Passant, der behutsam einen Fuß vor den anderen setzt, als betrete er Neuland. Zu den Folgen dieser Katastrophen, die sich vorwiegend im Oktober, November oder Dezember ereignen, zählte früher die Trübung des Brunnenwassers, sowohl jenes der Paläste als auch der »pozzi pubblici«, die der Versorgung des Volkes dienten. War das Hochwasser vorbei, mußten die Brunnen so rasch wie möglich gereinigt und wieder in Ordnung gebracht werden.

Denn paradoxerweise mangelte es der Wasserstadt Venedig bis mitten ins 19. Jahrhundert und also bis in die Zeit Stendhals hinein an Trinkwasser. Die Brunnen auf den Plätzen und in den Höfen der Paläste sammeln und filtern Regenwasser. Selten einmal wird (gelegentlich unter einem Kanal) eine Trinkwasserquelle entdeckt. Das von der Verwaltung, vom Gewerbe und selbst für den Hausverbrauch benötigte Wasser wurde früher von den »barcaruoli« herbeigeschafft, die allein zu diesen Transporten berechtigt waren. Sie schöpften das Wasser aus der Brenta, dem Fluß, für den die venezianischen Ingenieure ein künstliches Bett angelegt und ihn, weil er soviel Schaden angerichtet hatte, Richtung Chioggia umgeleitet hatten, um ihn von der Lagune möglichst fernzuhalten; sie füllten ihre Kähne damit, die dann über eine recht komplizierte, pferdebetriebene Vorrichtung vom Fluß in die Lagune geschleust wurden.

Im Herzen Venedigs

Wenn man zum ersten Mal nach Venedig kommt, dann lohnt es sich, die Anreise und die Ankunftszeit vorher zu bedenken. Man kann mit der Bahn anreisen, das heißt über den Damm, der von Mestre aus zum Bahnhof hinüberführt, wo der Canal Grande endet, oder über die Autobahn bis zur Piazzale Roma, unweit des Bahnhofs, wo die Autos, die hier zu nichts mehr nütze sind, in dem mehrgeschossigen Parkhaus zusammengepfercht werden. Die königliche Anfahrt freilich ist die übers Meer. Woher man auch kommt, das Schiff wird durch die Porta di San Nicolò einfahren, um dann durch die tiefe Fahrrinne in der Lagune an die Zattere zu gelangen. Angenommen, Sie treffen frühmorgens ein und haben noch geschlafen, so daß Sie die Stadt nicht allmählich näherrücken sahen. Sie erwachen, sie steigen auf das Deck, und mit einem Mal – auf einen Schlag – befinden Sie sich im Herzen Venedigs. Vor dem Markusplatz oder vielmehr vor der Piazzetta wird das Schiff langsam seine Richtung ändern, um den Landungsplatz anzusteuern. Mit gedrosseltem Tempo zieht es an den Arkaden des Dogenpalastes vorüber, am Campanile von San Marco und fährt schräg am Eingang zum Canal Grande vorbei. Sie möchten die Hand nach der vergoldeten Fortuna über der Dogana ausstrecken, so greifbar nahe scheint sie. Schon sind Sie in dem breiten Meeresarm der Zattere, auf dem die großen Tanker auf dem Weg nach Mestre verkehren. Auf der Seite des Canal Grande steht die Kirche der Schutzherrin, die unter Anrufung der heiligen Jungfrau zur Danksagung nach der Pest von 1630 bis 1631 erbaut wurde; im Süden liegt die Giudecca, Sandbank mit ihren fernen Gebäuden und der Kuppel des Redentore. Ist Venedig nicht überhaupt die Stadt der Kuppeln?

Das Herz Venedigs sind weder seine Plätze, noch ist es der Bogen der Rialtobrücke, sondern dieser »bacino di San Marco« ist es, sein Hafen, ein weites Wasserbecken, wo der leiseste Wind die an die Landungspfosten gebundenen Gondeln ins Schaukeln bringt, und das ebenso von den vertrauten Vaporetti, die emsig von Kai zu Kai pendeln, wie von den Fahrzeugen der großen Schiffahrtslinien überquert wird, die nach fernen Ländern auslaufen, weißen Schiffen, lautlos über dem glatten Wasser, wandernde Papiersilhouetten, unwirklich.

Von hier aus jedenfalls, in dieser Trägheit, vom Ufer aus, sollte man Venedig zum ersten Mal sehen. Wenn Sie mit der Bahn angekommen sind und Ihre ersten Schritte Sie selbstverständlich zum Markusplatz führen, lassen Sie dieses offizielle Zentrum Venedigs schnell links liegen, den Ort der Großanlässe, der Scharen gefräßiger Tauben und eiliger Touristen. Gehen Sie noch nicht gleich in die Basilika und in den Dogenpalast. Betreten Sie die Piazzetta. Verweilen Sie auch nicht lange vor den beiden Säulen, zwischen denen man einst die zum Strange verurteilten Adligen und andere hochgestellte Todeskandidaten hängte. Venedig hatte sehr wohl seine grausame Seite. Vergessen Sie sie! Denken Sie nicht weiter an die Seufzerbrücke, nicht an die Piombi, den Kerker, in den die Verurteilten über diese Brücke geleitet wurden. Gehen Sie nach rechts. Das Café Todaro erwartet Sie. Es hat einen hübschen Namen, den des Heiligen, der vor dem heiligen Markus der Patron der stolzen Stadt gewesen war. Seine große Terrasse ist die ideale Beobachtungsstation. Ganz nah hören Sie die Musik der unter dem leichten Holz der Gondeln gurgelnden und an die Kaimauer schwappenden Wellen. Wenn die Sonne mitspielt und die Meeresgerüche und eine leichte Brise Sie umfächeln, schließen Sie die Augen. Mit ein wenig Einbildungskraft wird Venedig in all seinem Glanz vor ihnen aufsteigen: die auf dem Wasserspiegel ausgesäten Galeeren, die Koggen mit ihren runden Bäuchen, selbst die goldene Galeere, an Bord derer alljährlich anläßlich der »Sensa«, des Himmelfahrtsfestes, der Doge sich feierlich dem Meere vermählte. Und Masken selbstverständlich, überall Masken, nichts als Masken. Nun sind Sie wahrlich angekommen.

In der Zeitlosigkeit

Ein Wunder, eine Überraschung jedenfalls: in Venedig vergeht die Zeit nicht wie anderswo. Ein Zauber hat die Stadt dem Lauf der Zeit enthoben. Wir altern, in ihr hingegen, so scheint es, bewegt sich nichts, wird nichts alt. Freilich gibt es schrille Geschmacklosigkeiten: das widerwärtige städtische Vehikel, das von einem Ufer des Canal Grande unablässig zum anderen überwechselt, oder die grauenhaften Motorboote, die knatternd die Wasserflächen durchfurchen. Aber welche Annehmlichkeit, sobald man sich dem Gefuchtel entwunden hat. Wendet man ihm den Rücken zu, ist man sogleich in die Folge wiedererkennbarer Vergangenheiten verstrickt, die an unserem Wege wie zu unserem Genusse ausgestellt sind.

Zweifellos ist es ein Vergnügen, sie eine nach der anderen zu erkennen, sei es aus Liebe zur Geschichte, zur Kunst oder aus Pedanterie. Lieben Sie Giovanni Antonio Canal, genannt Canaletto, gestorben in Venedig am 20. April 1768, so können Sie mit ihm noch einmal das Venedig der Festlichkeiten, schön wie ein Bühnenbild, durchwandern, aber auch das Venedig der Spaziergänger, die auf Plätzen und Märkten ein Plauderstündchen halten. Sie können, wenn Sie es genau nehmen wollen, zunächst einmal sein Haus in der Salizzada San Lio aufsuchen, in der Nähe von Santa Maria Formosa. Sie werden nicht den Eindruck haben, in ein Museum zu kommen, wie es etwa in Amsterdam der Fall ist, wenn Sie das Haus Rembrandts betreten. In Venedig liegt die Vergangenheit ganz natürlich in der Gegenwart. Sie werden auf Ihrem Weg auch unschwer das ärmliche Haus finden, in dem Francesco Guardi geboren wurde, der große, von Venedig überaus eingenommene Maler, dem Henri de Régnier »die Lehre der Himmel und Wasser« zuschrieb. Und wenn sich Ihre Phantasie in solchen Erinnerungen zu ergehen beliebt, dann suchen Sie zu nächtlicher Stunde das Haus Cimarosas auf, des Wahlvenezianers (1749-1801), und hören Sie die Klänge seiner Tonsetzerkunst, der man Leichtheit nachsagt – wie anders sollte es in Venedig auch sein? Oder das Zimmer der stürmischen Liebe zwischen Musset und George Sand – nicht doch, werden Sie denken, die Geschichte ging zu erbärmlich aus. Oder den Palazzo Vendramin, wo Wagner mit 79 Jahren, am 1. Februar 1883, einer Herzattacke erlag. Aber läuft nicht Wagner, wie d'Annunzio, all dem zuwider, was wir an Venedig lieben? Zu laut, zu deklamatorisch, zu hochtrabend? Besser den witzigen Angebereien Casanovas lauschen. Er lügt, sobald er atmet, aber er lügt niemals dröhnend.

In Venedig braucht man nicht einmal die Geschichte zu Hilfe

zu nehmen, um sich die Vergangenheit vorzustellen. Sie ist allgegenwärtig, wie nachgiebiger, mehrschichtiger, dicker Schlick, in den man einsinkt, ohne es zu merken, und von dem auch die Gegenwart verschlungen wird und schlaftrunken darin untergeht. Diese Bodenlosigkeit, das immer gleich Befremdliche der Wahrnehmungen macht schließlich aus dem Wahnbild eine Wahrheit, eine Stimmung, eine durch die Wiederholung endlos genährte Zwangsvorstellung, von der die ganze Anschauung, das ganze Gemüt erfaßt werden: überall Wasser und Stein, überall Wasser und rosa Ziegelsteine, überall Wasser und Gondeln, überall Wasser und die großen, mit Früchten, Holz, Backsteinen, Ziegeln beladenen Kähne mit ihren auf die Stange gestützten Fährleuten, die auf der Bordkante ihres Kahns hin- und hergehen, damit dieser sich unter ihren Füßen weg- und vorwärtsbewege. Und dann die Häuser, die aussehen, als reckten sie ihren Kopf aus dem Wasser und als sei dies die einzige, heimliche Mühe, um die sie sich sorgen, ja, als läge darin ihre ganze Daseinsberechtigung. Und diese Gäßchen, die nirgendwo hinzuführen scheinen, ein Stück weit einem Kai entlang, über eine Brücke, in eine Richtung und dann wieder in die andere, um die Kanäle und Häuser, die im Wege sind, zu umgehen. Allerdings werden Sie, wenn Sie sich verlaufen haben, immer wieder auf die gleichen oder doch beinahe die gleichen großen Orientierungspunkte stoßen, an die Sie sich durchaus halten können, so wie wenn man zur See fährt und sich nach den Zeichen an der Küste richtet. Nachher braucht man bloß der Menge zu folgen, dem Strome nach, wie man in Venedig sagt. Vom Markusplatz kommend, gehen Sie in Richtung Merceria, und ohne auch nur einen Gedanken darauf verwendet zu haben, werden Sie zwangsläufig beim Rialto anlangen.

Wunderbar an diesen Signalen, an diesen eminenten Punkten ist, daß sie nebeneinander bestehen und sich vermischen, obwohl sie nicht gleich alt sind: daß sie die Vergangenheit durcheinanderrühren. Nicht verschiedene Sprachen, sondern eine einzige, aus ungezählten Elementen kombinierte Sprache; nicht eine Epoche, sondern ein Ineinandergreifen der Epochen. Hören Sie, was Le Corbusier sagt, für den Venedig ebenfalls ein Traum war. Er steht auf dem Markusplatz, dessen Bild wir so oft gesehen haben, daß wir ihn für ein natürliches Arrangement halten. Aber welche Lehre! »Venedig, Markusplatz«, notiert Le Corbusier, »geschliffener, glänzender Umgang mit einer Folge von Epochen; ältere Herrschaftspaläste, neuere Herrschaftspaläste, San Marco romanisch, mit türkifizierten Kuppeln, Goldschmiedearbeiten einer nirgendwo verankerten Gotik; der Campanile, dieser sagenhafte Campanile... Alle möglichen Techniken, alle möglichen Materialien... Venedig bietet eine meisterliche Harmonielehre.«

Harmonie, Mischung, aber auch Zeitlosigkeit. Aus diesem Grunde gleichzeitig verewigt, also lebendig. Wir können Venedig ungeniert mit den Augen seiner Maler und einstigen Besucher betrachten, sowohl mit dem Blick Carpaccios wie mit dem Guardis oder dem gleichsam fotografischen des genialen Canaletto, oder dem Ruskins, oder dem Jean Cocteaus. An den Bildern, den Farben, an der Prägung hat sich nichts geändert. Der Zeitunterschied ist wie weggewischt. Sie sind von der Piazzetta berückt, Marcel Proust war von ihr berückt. Sie sind von den Fähren begeistert, Ruskin war es ebenfalls. Die Gäßchen erscheinen Ihnen wie ein Messerschnitt durch die dichte Häusermasse – es sind jene Sträßchen, von denen Goethe sagte, man könne ihre Breite mit ausgestreckten Armen messen, und »in den engsten stößt man schon mit den Ellbogen an, wenn man die Hände in die Seiten stemmt«. Nirgendwo sonst, außer vielleicht in Holland, vermengen sich für das Auge in ein und derselben Erinnerung die Farben, das Licht, die Gestaltung eines Bildes aus dem 15. oder 16. Jahrhundert mit jenen, denen man Minuten später wiederbegegnet, wenn man das Museum verlassen hat. Das vertraute Zeichenvokabular des heutigen Venedig läßt sich bei Carpaccio oder Canaletto wiederfinden, bei Guardi oder Tiepolo und manch anderen, weniger Berühmten, die die Fresken in den venezianischen Lusthäusern schufen. Sie fahren auf den gleichen

Barken, Sie sind in ihre Farben getaucht: das zarte Rosa des Ziegelsteins, das wechselnde Licht des Wassers, der weiße Stein der Brückenstufen, der leichte Dunst, ein wenig, nein, viel von der Sonne Italiens, und ein wenig, nein, viel von den glasgrünen Wasserspiegeln und den Unwettern Hollands. Venedig ist eine Welt für sich, die der Halbinsel den Rücken kehrt. Sie liegt jenseits der Grenze des Ölbaums, der Palmen, beinahe auch des Weins. Bora, der kalte Fallwind an der Adriaküste, wühlt das Meer und die Lagune auf, zersprengt die Wolken und dringt eisig bis in die hintersten Winkel der Stadt. Die hohen Schornsteine sind nicht einfach zur Zierde da, es gibt ihrer viele auf den Dächern der Häuser, heute wie zu den Zeiten Carpaccios. Wie würde man ohne warmes Kaminfeuer den strengen Winter überstehen? Es ist vorgekommen, daß die Lagune vereiste. An manchen Vormittagen, so erzählen die Chronisten, glänzten die vereisten Fassaden der Häuser wie Spiegel, und albanische Kavalleristen im Dienste Venedigs tummelten sich auf dem Eis des Canal Grande. Die Chronik berichtet auch von der Unbill, die Leonardo Donà widerfuhr, der am 10. Januar 1606, soeben zum Dogen gewählt, sich weigerte, Münzen unters Volk zu werfen; dieses rächte sich, indem es ihn mit Schneebällen bombardierte.

Daß diese Bilder von einst und von jetzt so leicht und so ganz und gar verschmelzen, daß man beharrlich den Eindruck hat, in Venedig habe sich nichts geändert und es könne sich auch nichts ändern, liegt das nicht zu einem guten Teil am venezianischen Privileg des langsamen, des bedächtigen Gehens, in einer Zeit, in der jedermann immer nur fährt oder sich fahren läßt? All diese alten Stadtansichten, die den heutigen innig gleichen, haben wir gehend wahrgenommen, erschlossen, wir haben ihnen Schritt für Schritt Wert und Bedeutung gegeben. Ob wir wollen oder nicht, da wir gemächlich gehen, entgeht uns kein Detail. Wo denn außer hier führen zu den Brücken gewundene Treppen, die man zunächst erklimmen, dann wieder hinabsteigen muß? Das Gehen und die Stille der Fußgängerstadt sind auch Teil der venezianischen Bodenlosigkeit.

Es hat seinen eigenen Witz, wie Schriftsteller und Historiker auf diese beunruhigende Präsenz der Vergangenheit Venedigs eingehen, die jeder berührt, atmet und die einem doch unter den Händen zerrinnt. Jeder Schriftsteller sieht, was er darin sehen will. Man gesteht seine Betörung unbefangen ein und tüncht dementsprechend sein Bild der Stadt rosa oder schwarz, in ganz feinen Tönen oder in einer Stimmung der Entrückung. Alles ist möglich. Über Venedig ist so gut wie alles gesagt worden, und das Gegenteil ebenfalls.

Ich schätze jene eiligen Reisenden, mögen sie noch so berühmt sein, nicht sonderlich, die von vornherein gewillt sind, aus Venedig dies oder jenes herauszufühlen, herauszuwittern, also entweder nur den Modergeruch der Dekadenz, fauliger Herrscherlichkeit oder allein die Gloriolen seiner Prachtepoche, die goldene Opulenz eines Veronese. Weder ist Venedig nur düster, noch ist es nur licht. Warum sollte einem ausschließlich die Größe oder einzig der Verfall in den Sinn kommen?

Und überhaupt: welche Größe? Die erste offenkundige, üppige Blütezeit Venedigs ist die seiner materiellen und politischen Triumphe. Es war die Königin der Adria, die Beherrscherin des Mittelmeers. Als es 1381 über Genua die Oberhand gewonnen hat, überragt es für mehr als ein Jahrhundert sämtliche Städte und Staaten Europas. Auch Karl VIII., der kleine König von Frankreich, der im September 1494 die Alpen überquert und bis Neapel vorprescht, beeindruckt die Serenissima nicht über die Maßen – sie verabredet sich mit den italienischen Fürsten, und der Eindringling wird wieder heimgeschickt.

Venedig hat die Fäden – Goldfäden – in der Hand. Es ist die Hauptstadt der Dukaten und Zechinen, des afrikanischen Goldes und der Gelder Mitteleuropas, es ist die Metropole des Pfeffers, der Gewürze, der Drogen, der Seide, die Kapitale der Baumwolle, die in Riesenballen, ganze Schiffe füllend, aus Syrien hergelangt. Deutsche Kaufleute eilen herbei, um hier an den

Schätzen der Welt teilzuhaben, und es sperrt sie im »Fondaco dei Tedeschi« ein, um sie besser im Auge zu behalten, denn wohl steht es ihnen zu, in Venedig Handel zu treiben, nicht jedoch, sich in die ertragreichen Geschäfte in der Levante einzumischen. Venedig macht sich alles zu eigen, verkauft alles weiter: Süßweine und Rosinen von den griechischen Inseln, Öl aus Apulien, die Weine des Mezzogiorno, die schwerer als die gemeinen Weine Istriens sind, welche vorwiegend in deutschen Kellereien verschwinden, Getreide aus Neapel, aus der Levante und aus Sizilien, Salz aus Zypern und von der Adria...

Diese Ausbeutung, diese Plünderung der Welt scheint unaufhaltsam und unbefristet zu sein, doch eines schönen Tages muß Venedig seine Rolle abgeben. Das Zepter wird nacheinander an Antwerpen, von Antwerpen an Amsterdam, von Amsterdam an London, von London an New York übergeben. Venedig bestahl die anderen, nun wird es seinerseits bestohlen. Das sind die Spielregeln. Die Pferde von San Marco waren aus Konstantinopel entführt worden, und die großen Marmorlöwen am Eingang zum Arsenal sind Trophäen, die Admiral Morosini vom Peloponnes heimgebracht hatte. Jeder zusammenhängende Wirtschaftsraum läuft in einer zentralen Stadt zusammen, so wie eine Pyramide in ihrer Spitze. Venedig war zwischen 1381 und 1498 diese einzigartige Metropole, vielleicht schon vor seinem Sieg über Genua (1376-1381), vielleicht auch noch ein paar Jahre über die triumphale Rückkunft Vasco da Gamas nach Lissabon (1498) hinaus.

Der Triumph Venedigs ist ein langes Geschichtsdossier, in dem vielerlei sich mischt: der Fleiß eines arbeitsamen Volkes, die Besonnenheit einer vernünftigen Regierung, die Zufälle der Geschichte und einige scheußliche Gewalttaten. Venedig konnte nur wachsen, indem es sich von den Märkten, den Willfährigkeiten und Schwächen des Oströmischen Reichs nährte und ihm seine Leistungen aufzwang. Es zerfraß das Riesengebäude von innen, so wie Termiten ein Gebälk aushöhlen. Es war Venedig, das den 4. Kreuzzug nach Konstantinopel umlenkte. Die Plünderung der Stadt (1204), diese »Orgie des Kapitalismus«, und die Zerstückelung des Reichs begründen seine Größe, die Begüterten werden noch reicher, die oligarchische Regierung verschließt sich noch mehr in sich selbst. 1381 schaltet es Genua, seine Nebenbuhlerin, aus, fortan ist das Levantegeschäft fest in seiner Hand, mithin der internationale Handel seiner Zeit.

Aber wozu die Einzelheiten dieses oft bemühten Dossiers beschwören, das doch in allen Elementen längst bekannt ist? Ausschlaggebend sind anfänglich die Säcke voller Gewürze und kostbarer Lebensmittel, für die Europa eine krankhafte Leidenschaft hat, zu einer Zeit, da ihm weder Tee, Kaffee, Schokolade noch Tabak, ja nicht einmal der Alkohol bekannt sind, die sich alle erst vom 16. Jahrhundert an verbreiten werden. Aber um dieser wertvollen Handelswaren habhaft zu werden, müssen Verbindungen mit dem Nahen Osten geschaffen und muß die Konkurrenz überflügelt werden, was ab dem 14. Jahrhundert eines der Ergebnisse des Systems der großen Handelsgaleeren sein wird, die die Republik bauen läßt, um sie ihren handeltreibenden Patriziern zur Verfügung zu stellen. Ebenso mußten die Märkte für Baumwolle, Seide und Leder unter Kontrolle gebracht, mußte das Spiel um die beiden Edelmetalle Gold und Silber gespielt und ein Kreditsystem mit Wechselbriefen und den sogenannten »scritta«-Banken (Buchungsbanken) eingerichtet werden. Die Größe Venedigs, das ist, auf dem Rialto bei der kleinen Kirche San Giacometto, wo die Börse stattfindet, die tägliche Versammlung der Großhändler, Bankiers und Versicherer, und es ist das Handwerk der Stadt, die »Arti«, das Woll-, Seide- und Glasgewerbe. Doch nichts funktionierte, nichts würde verladen und nichts entladen, nichts in der Stadt verteilt werden ohne das lenksame Proletariat der nichtspezialisierten Arbeiter, ein vielköpfiges Heer, das vermutlich deshalb kaum je aufbegehrt, weil es ebenfalls am Waren- und Geldfluß teilhat. Nicht zu vergessen das Arsenal, in dem 2000 bis 3000 Leute arbeiten und das die mächtigste Manufaktur Europas ist. Jedes Jahr im

Oktober werden die Galeeren aufs Trockene geschafft; erst im Frühling fahren sie wieder zur See.

Es ist dieses überaus reiche, ganz und gar von Betriebsamkeit erfüllte, selbstsichere Venedig, das Commines 1495 höchst verwundert zu Gesicht bekommt und das er erstaunlich treffend beschreibt: »Die triumphalste Stadt, die ich je sah.« Die Gewohnheit des Herrschens, der Überlegenheit haben sie, haben ihren Geist, ihre Kunst, ihre Lebenskunst, ihre öffentlichen Schauspiele geformt. »Der Triumph Venedigs« ist noch 1584 das Thema für die Dekoration des Senatssaales, der von Jacopo und Domenico Tintoretto ausgemalt wird. Und die Stadt hat bis heute ihre Fähigkeit bewahrt, zu betören und sich selbst zu betören, so wie das zeitgenössische England unauslöschlich von seiner imperialen Vergangenheit gezeichnet ist. Wer einmal die Hauptrolle spielte, behält den Gestus im Blut. Der Verfall (merkwürdiges und zweideutiges Wort) ist weder Schändlichkeit noch Hoffnungslosigkeit, noch ewige Reue. Venedig hat weitergelebt, so wie England, Frankreich, Europa vor unseren Augen weiterleben.

Es waren die Romantiker, die an Venedig die Ikonographie der Verzweiflung entzifferten, der verwundeten Sehnsucht, des Siechtums, der genüßlichen Erfahrung eines, »der sich mit allem, was um ihn herum stirbt, sterben fühlt«. Barrès hätte diesen Worten Chateaubriands beipflichten können, er, der sich in Venedig an der »fiebrigen Luft der Lagune« weidet, an der »herzzerreißenden Schwermut«, »an der Totenstille und am Todeswind«, an der »Erhabenheit der Trostlosigkeit«. In Burano und Torcello, diesen »Morastlöchern«, diesen »Grabstätten«, ist es für ihn »der Tod, der ihre Herrlichkeit ausmacht«. Verstummten nicht im »tragischen Dekor« von San Francesco del Deserto, einem der Inselchen in der Lagune, die Vögel auf immer, als der heilige Franziskus, während er auf dem Rückweg von Ägypten dort Rast hielt, ihren Gesang unterbrach, um zu beten, und hierauf vergaß, »sie wieder zum Zwitschern zu bringen«? Deshalb ist um San Francesco das Wasser leiser als an irgendeiner anderen Stelle dieses gefangenen Meers. Stillschweigend handelt Thomas Manns Erzählung *Der Tod in Venedig* von derselben brüchigen Erfahrung, die den Tod eines Mannes und den Tod einer Stadt aufeinander abstimmt. Aber derlei Psychogramme haben wenig mit der Wirklichkeit zu tun, die Venedig durch die Jahrhunderte geprägt hat, vom Beginn der Italienkriege bis zum Ende des 18. Jahrhunderts.

Als Venedig anderen Mächten wich, tat es dies nicht aus Erschlaffung, ebensowenig wie das heutige Frankreich oder England. Diese Reiche sind von außen zerschlagen worden. Verantwortlich dafür ist die Welt, die sich geändert hat. Auch Venedig wurde überrumpelt, ohne die Folgen gleich in ihrer Tragweite zu ermessen. Waren wir klüger? Gestern noch feierten wir einen Gallieni oder einen Lyautey, besang Kipling den Ruhm des englischen Indien. Auch Venedig nahm nicht wahr, daß das Leben allmählich von seiner Bühne abzog und die geflügelten Löwen im Stiche ließ, mit denen die Stadt zum Zeichen ihrer Präsenz und ihres Besitzanspruchs ihr Herrschaftsgebiet markiert hatte. Sie glaubte unverdrossen an sich selbst, an ihre Kraft, zumindest bis 1718, dem späten Friedensschluß von Passarowitz, in dem sie der Türkei das 1687 wiedereroberte Morea, das sie nicht zu halten vermochte, zurückerstatten mußte.

Es war die allmähliche Verlagerung des Welthandels vom Mittelmeer zum Atlantik, der sich Venedig beugen mußte, und dem Aufstieg der Nationalstaaten. Vom 16. Jahrhundert an scheuert sich Venedig an diesen massigen Körpern wund: Spanien, Frankreich, beide mit Großmachtansprüchen, und immer noch ist da auch das türkische Reich. Venedig ist zwar in technischen Belangen überlegen – seine Werften, seine Seeleute, seine Ingenieure, seine Kanoniere sind es jedenfalls –, aber seine Siege (sogar Lepanto 1571) sind aussichtslos. 1572 büßt es Zypern ein, 1669 folgt Kreta, 1718 schließlich Morea. Gewiß darf man seine Tapferkeit nicht in Zweifel ziehen. Was hätte es tun sollen, um die Reichtümer der Welt für sich behalten zu können? Zumindest bewahrte es seine Freiheit. Es wird 1797 der Armee Bonapartes unterliegen, aber zwei Jahre vorher schon hatte sich Amsterdam der Armee Pichegrus ergeben. Und wurden nicht die kleinen deutschen Staaten von Frankreich überrannt?

Das Fest oder Venedigs zweite Größe

Aus der Art und Weise, wie Venedig die letzten beiden Jahrhunderte seiner Unabhängigkeit erlebte und wie es sich auf die neuen Bedingungen einstellte, wird wohl verständlich, warum es seinen Stolz und seine Gelassenheit nicht einbüßte. Obschon im Niedergang begriffen, blieb es lebendig, wohlbehalten, kulturell anregend, weiterhin erfolgreich, ein Treffpunkt Europas. Es wird sich in diesem Spiegelbild nicht ohne Selbstgefälligkeit betrachten.

Die Wirtschaftstätigkeit erlahmt nicht, im Gegenteil. Der Großgrundbesitz, der sich auf Terra Ferma entfaltet, hat auf den steigenden Ertrag einer in stetiger Entwicklung begriffenen Landwirtschaft gesetzt – man versucht es mit Mais, man pflanzt Maulbeerbäume und die Seidenproduktion floriert, genauso wie die von Reis und Hanf; die Viehzucht macht Fortschritte, wirft schließlich so hohe Profite ab, daß man versucht ist, vom 18. Jahrhundert in Venetien als dem einer grünen Revolution zu sprechen. Die Patrizier, Erben und Käufer beträchtlicher Landgüter, machen mit ihrem Boden Gewinne und denken nicht im Traum daran, den Kleinunternehmern und den jüdischen Kaufleuten in der Stadt den Verdienst aus dem Handel streitig zu machen, der auf den alten Seewegen der Levante wiederaufgenommen wird (der Kaffee landet im ägyptischen Alexandria wie einst der Pfeffer; der Aufstieg Rußlands hat zur Folge, daß Getreide aus der Ukraine ans Schwarze Meer gelangt, das den venezianischen Frachtern offensteht).

Sie überlassen das Seegeschäft um so leichteren Herzens anderen, als sich auf ihren Anwesen – prächtigen Villen am Ufer der

Brenta und anderswo – die Vorzüge des Landaufenthalts mit den Lustbarkeiten des mondänen Lebens verbinden lassen. Erst wenn der Winter näherrückt, kehrt man nach Venedig heim, das jetzt zur Fest- und Theaterstadt wird, in der jedermann, ob klein oder groß, traurig oder lustig, arm oder reich, sein Vergnügen findet oder wiederfindet.

Venedig hat weder den Tourismus noch die weltliche Musik, noch das Theater, noch die Oper, noch den Karneval, noch die Masken erfunden. Aber all das kommt hier zusammen, vermengt und steigert sich. Etwa 30 000 Ausländer halten sich im 18. Jahrhundert ständig in der Stadt auf. Zur Zeit des Sensa-Festes sind es 100 000, das heißt die Einwohnerzahl verdoppelt sich, den Geschäften mangelt es nicht an Kundschaft, der Malvasierwein fließt in Strömen, die zweihundert Cafés und die siebzehn Theater der Stadt sind überlaufen, ebenso die Spielsäle, die Spielhöllen... Musiker, Sänger, Akrobaten, Gondolieri, Maler, Komödianten, Stückeschreiber, leichte Mädchen erscheinen zum Fest, und eine Vielzahl einfacher Leute, die ihre Dienste anbieten und davon leben.

Die Tron, eine Patrizierfamilie, die Grundbesitz und Paläste hat, Eigentümerin des ersten Theaters am Platze, nämlich des San Cassiano, soll die Theaterkasse erfunden haben – das Volk drängt sich im Parkett, oft stehend, während die Reichen die Logen einnehmen. Kraft seiner Masse bewirkt dieses Publikum etwas Außerordentliches: es läßt die edle Oper in der Tradition Monteverdis (1567-1643) in Vergessenheit geraten; in den Pausen treten Akrobaten, Gaukler und Sprücheklopfer auf, die Commedia dell'arte kommt wieder zu Ehren und gewinnt unter dem Einfluß Goldonis ihre Frische und Natürlichkeit zurück, wird als neue Komödiengattung abermals lebendig. Theater, Konzerte, öffentliche Anlässe, die Feste der Schutzheiligen, Geburtstage, Taufen und Hochzeiten, der Empfang illustrer Gäste: lauter gute Gründe, sich zu vergnügen.

Die »fröhlichste Stadt Europas«, wie Stendhal sie nennt, lebt in einer Dauerinszenierung. Der Karneval währt ein halbes Jahr, sechs Monate tollen Treibens und ungezügelter Maskerade. Zur Advents- und Fastenzeit verschwinden die Masken, doch die Übergangsphase wird mit geistlicher Musik, Privatkonzerten und musikalischen Messen gefüllt. Unter den Nachrichten, die am 7. Dezember 1686 aus Venedig in London eintreffen, ist auch folgende: »In dieser Zeit, in der die Seelen mit höchster Frömmigkeit der Geburt des Retters entgegenblicken, wurde am Mittwoch in der Kirche Incurabili ein geistliches Divertimento mit einem von Mädchen gesungenen Oratorium gegeben, betitelt ›Der Triumph der Unschuld‹, eine aus der gelahrten Feder des Dr. Piccioli stammende und von Meister Signor Pallavicino in Musik gesetzte Oper, welche, vorgetragen von den engelsgleichen Stimmen dieser Kinder, den einmütigsten Beifall fand. In der geräumigen Kirche hatte sich der Adel, begleitet von den Damen, zahlreich eingefunden, so daß, wer zu spät kam, keinen Platz mehr fand und die Aufführung, die sich über drei Stunden erstreckte, wohl, so glaubt man, wiederholt werden wird.«

Das Fest in Venedig somit eine Industrie? Ein Volkswirtschaftler würde sagen: ein Mittel zum Lebensunterhalt. Für die Unterhaltungskünstler jedenfalls ist es eine fieberhafte, pausenlose, erschöpfende Arbeit. Ein musikalisches Ereignis, ein Theaterstück halten sich nicht länger als eine Saison, das Publikum verlangt unablässig nach Neuigkeiten. Vivaldi komponiert wie rasend; benötigt er einen Text, so wird er ihm auf der Stelle von Goldoni geliefert... Der berühmteste Maler, Giambattista Tiepolo (1696-1770), ist ebenfalls ein Repräsentant dieser Atemlosigkeit; er wirbelt seine Figuren durcheinander, gewährt ihnen nur ein paar Bleistift- oder Pinselstriche. Und ist nicht Francesco Guardi, sein Schwager, in mancher Hinsicht ein Impressionist, hinter dem Spiel des Lichts, hinter dem raschen, witzigen Strich her? Er gehört zu jenem Heer von Malern, die man zweifellos nicht neben Tizian oder Tintoretto stellen kann, die sich jedoch eifrig bemühten, den Himmel, das Wasser, die Fröhlichkeit ihrer Stadt zu bezeichnen. Angefangen bei dem berühmten Giovanni Antonio Canaletto (1697–1768), der von den Engländern,

Kunsthändlern oder Mäzenen, mit Aufträgen überhäuft wurde und sich eines Tages selber nach England aufmachte. Er ist nicht der Erfinder der Vedute, der naturgetreuen Darstellung einer Landschaft oder eines Stadtbilds, doch er bringt sie in Mode. Das Ausland schwärmt von den Malern der venezianischen Schule, ihre Bilder werden überbezahlt, viele von ihnen in die Fremde berufen: Antonio Bellucci lebte in England und in Wien, Jacopo Amigoni in Flandern und in Madrid, wo er starb, Pietro Rotari in Sankt Petersburg, Gaspare Diziani und Bernardo Bellotto (der Neffe Canalettos, auch Canaletto der Jüngere genannt) in Polen, Rosalba Carriera wird in Paris mit Ehrungen überhäuft, Giovanni Antonio Pellegrini hält sich in England auf, bevor er nach Wien übersiedelt, Tiepolo arbeitet in Würzburg, geht mit seinen beiden Söhnen nach Spanien und stirbt dort. Allein Guardi bleibt Venedig treu, er verläßt die Stadt nur für sein heimatliches Trient, kehrt aber immer wieder zurück. Seine Bilder freilich verbreiten sich über Europa. Guardi, Canaletto: eine scheinbar unschuldige Kunst, die dem guten Geschmack huldigt und aus der Malerei keinen Zwang macht, in der aber die Angst haust.

Zwischen den beiden Blütezeiten

Das Venedig der »Dekadenz« erlebte mithin eine merkwürdige Spätblüte, die bis in die Gegenwart anhält, trotz des Zusammenbruchs von 1797, trotz des Einbruchs von Bonaparte und der Revolutionsarmee, die die Stadt zur Sklavin herabwürdigte. Aber war nicht gerade der Niedergang Venedigs, das Ende des 18. Jahrhunderts ein für allemal vom Schachbrett der Weltpolitik verdrängt wurde, der Grund dafür, daß sein Zauber überdauerte?

Ich kenne einen venezianischen Archivar, der seine Stadt über alles liebt und der gern halb im Ernst, halb lächelnd sagt, es sei ein leichtes, heute unter Zuhilfenahme der Dokumente des »Archivio dei Frari«, wo die Urkundensammlung der Serenissima aufbewahrt wird, die Regierung der einstigen Republik von San Marco nachzustellen, mit ihrem Dogen, ihrem Senat, selbst ihrem Rat der Zehn und dem komplizierten Räderwerk ihrer Verwaltung, ihren Vorrechten, Gesetzen, ihren Zwängen, ihren Laschheiten und – warum auch nicht, um die Illusion perfekt zu machen – mit den Perücken und schwarzen Roben ihrer Patrizier.

Machen wir für einen Augenblick mit diesem Traum oder Einfall ernst, so wird sich Venedigs Schicksal, will sagen sein jüngstes, sein gegenwärtiges, kaum verständliches Schicksal, wie ein schöner Bilderbogen in lebhaften und reinen Farben vor unseren Augen entfalten.

Nehmen Sie also an, im Jahre 1815 oder 1849 oder auch 1900 oder 1945 – für welchen Zeitpunkt sich auch immer Ihre Einbildungskraft entscheiden mag – habe dieser Traum tatsächlich Gestalt angenommen. Was hätte die zu neuem Leben erweckte Serenissima tun können? Die Frage stellen heißt gleichzeitig, die Probleme und Rätsel eines Schicksals wiederbeschwören, das sich auf die bekannte Weise abgespielt hat. Warum aber nicht anders?

Es gab in Venedig, als es frei war, lange Zeit noch einen weiteren Rat, den wunderlichen Rat der »Cinque Savii alla Mercanzia«, der fünf Weisen (lieber würde ich übersetzen: der fünf Experten) in Handelsdingen. Ich stelle sie mir vor, wie sie erneut zu einer Sitzung zusammenkommen, umsichtige, gescheite, sogar tatkräftige Männer (was im Laufe der vergangenen Jahrhunderte nicht immer der Fall war). Es ist nicht schwer zu erraten, zu welchem Beschluß sie vernünftigerweise gelangen: Wenn Venedig wieder mächtig werden soll wie in der Epoche des Pfeffers und der Gewürze, um damit an seine früheren wirtschaftlichen Erfolge anzuknüpfen – und nicht an jene zweite Blüte, die für die Stadt bloß ein Trost, ein Zeitvertreib, ein Abwarten war –, dann muß es die heutigen Lebensformen, von denen es umzingelt ist, bei sich aufnehmen, muß es anlocken und sich zu eigen machen, was die Stadt binnen kurzem in ein Mestre verwandeln wird, jene aus dem Boden geschossene Nebenbuhlerin, die sauertöpfisch und gefährlich, plump am Rande der Lagune sich breitmacht, fettgeworden durch Handel und den Umschlag von Erdöl, muß es sich – ganz in seiner Nähe ist er ja vollbracht worden – einen Kraftakt im Stile Triests zumuten, das heißt dessen Handel, Industrien und Schiffswerften. Genua jedenfalls ist diesem verderblichen Rat gefolgt und in der Fülle und im Dreck einer wuchernden Industrie versunken.

Daß Venedig sich dieses Los ersparte, diese irre postindustrielle Entwicklung, das gilt es immer wieder gegenüber denjenigen festzuhalten, die fragen, weshalb Venedig Venedig geblieben sei, treu seiner zweiten Blüte, der seiner Festlichkeiten, seiner Stille, seiner Offenheit für die heftigsten und einfachsten Leidenschaften – zu lieben, glücklich zu sein, zu träumen. Denn lassen Sie sich nicht täuschen, zu dieser Besonnenheit hat der Niedergang beigetragen. Aber es ist nicht nur die Entsagung, was uns Venedig bewahrt hat. Die ganze Welt ist es, die sich verbissen jeder Änderung Venedigs widersetzt hat und sich nach wie vor dagegen sträubt. Hätte die Stadt Anstalten gemacht, sich der Neuzeit anzupassen, ihre Kais wie Genua mit krakenhaften Autobahnen überziehen zu lassen, ein einziger, leidenschaftlicher Aufschrei wäre durch die Welt gegangen. Denn Venedig gehört sich nicht mehr selbst, es ist Gemeingut, unser Erbe, unsere Stadt, unser Traum, unsere Zuflucht. Es soll sich nicht wenden, es soll sich nicht rühren, es soll das Dornröschen sein, dessen wir so sehr bedürfen. Die Zeit soll für Venedig, und dank ihm für uns, innehalten, Atem holen, wenigstens einmal und an einem Punkt stillstehen.

Georges Duby

Das Erbe

Wir haben die Quelle, wir haben sie im Mittelmeerraum, die innerste Quelle der Kultur, aus der unsere Zivilisation sich speist. Ich berufe mich hier nicht auf jenen allgemeinen Rahmen, den unserem Weltbild die monotheistische Glaubenslehre auferlegt, die im Umkreis des Binnenmeers sich ausprägte und von seinen Gestaden aus Verbreitung fand. Ich spreche von jener profanen Kultur, in deren Schoße sich die Glaubensbekenntnisse unmittelbar ausbreiteten, und die nun, da die Fluten des Glaubens abebben, als Gegenstand einer Verehrung zurückbleibt, deren Tempel Museen und Bibliotheken sind und den die Schule, die Universität und der mannigfaltige begriffliche Lehrapparat, der uns beherrscht, zu neuem Leben zu erwecken versuchen. Wenn man in Cleveland oder in Stockholm, in Krakau oder in Kiew an Venedig, Istanbul, Alexandria, an Rom oder Athen denkt, dann ist gewiß der Wunsch, auszubrechen, an die sonnigen Strände eines glücklichen Meers zu verreisen, im Spiel, aber auch, bewußt oder unbewußt, das Verlangen, für einen Augenblick an diese Quelle, an diese fruchtbaren Orte zurückzukehren, von denen man seit seiner Kindheit weiß, daß Halbgötter dort ein minder dumpfes, minder gemeines Dasein führten: Vorbilder von Menschen, die eine bessere Sprache sprachen und den Sinn für die richtigen Proportionen besaßen. Wenn wir von menschlicher Vervollkommnung träumen, vom Stolz und Glück der Humanität, dann wendet sich unser Blick dem Mittelmeer zu.

Und nach dem Mittelmeerraum haben seit dem Anbruch der Geschichte alle Binnenvölker geblickt. Immer wieder hat dieser generöse Wurzelstock verführerische Schößlinge getrieben, deren Zauber dazu reizte, zu den Wurzeln hinabzusteigen. Wenn jener Frau, die in Vix über ein kleines Volk von Schweinehirten und Köhlern gebot, so viel an einem Bronzegefäß lag, daß sie es in die andere Welt mit hinübernehmen wollte, wie anders als zum Beweise, daß auch sie an der noch kaum bekannten Kultur teilhatte, deren Betörungskraft in der Herrlichkeit dieses Gegenstandes über alle Entfernungen hinweg intakt blieb? Wurde nicht das römische Joch deshalb leichterdings hingenommen, weil die Stammeshäuptlinge der an Flußläufen, Wald- und Sumpfrändern angelegten Dörfer darauf gewartet hatten, wußten sie doch, daß die Legionäre Wein, Brot, Spiele und alle Ergötzlichkeiten der Welt mit sich bringen würden? Und eben deswegen mußte Rom nach einigen Jahrhunderten weichen, es hatte seine Rolle erfüllt und das Erbe der mediterranen Kultur in Bruchstükken weithin ausgesät, den Köder selbst an den Grenzen, wo seine Garnisonen Wache hielten, ausgelegt, jene schillernde Glücksverheißung, die die fremden Völkerschaften in Bewegung setzte und sie beherzt die Schranken durchbrechen ließ – seine Kultur.

Dieser Köder hat seine Wirksamkeit nie eingebüßt. Den unaufhaltsamen Tropismus, der heute Millionen von Menschen zu keinem anderen Zwecke, als einige Tage in Zadar, Alicante oder Dscherba zu verbringen, dazu treibt, sich abzuhetzen, sich in Massen über die Straßen zu wälzen, die allsommerliche ungeheuerliche Völkerwanderung, die inzwischen sogar den Marmor des Parthenon gefährdet, denn um sie zu kanalisieren und in Schranken zu halten, läßt man sie die Sehenswürdigkeiten verheeren und die Reize zerstören, deretwegen sie doch aufbrach, diese Wanderung gilt es als äußerste Spitze einer Bewegung zu sehen, die vor Jahrhunderten einsetzte, als Verlängerung jener Antriebe, die vor über fünfzehnhundert Jahren zur Unterminierung der Grundlagen des Römischen Reiches führten und die staatliche Einheit des Mittelmeerraums endgültig sprengten. Die Ostgoten und die Vandalen, die Hordenführer, die in den Basiliken des Reichs tagten und sich befleißigten, ihre Reden nach den

Gesetzen der lateinischen Rhetorik zu gestalten, und die es sich zur Ehrensache machten, die Thermen und Amphitheater wieder instand zu setzen, eifrig bemüht, sich von den Sitten ihrer Vorfahren loszusagen, um neue anzunehmen, mediterrane nämlich, die sie für schicklicher hielten – sie alle wurden von einer Anziehungskraft gefangengenommen, die sich nicht wesentlich von der unterscheidet, der wir selbst erliegen. Und nach ihnen gehorchten ihr andere Stämme, die Langobarden, die Franken. Chlodwig, der sich in Paris begraben ließ, hatte seine Krieger bis ans Meer vorstoßen lassen. Das Ziel waren selbstverständlich Eroberung und Plünderung. Aber es ging doch wohl, vielleicht in erster Linie, auch darum, sich zu den Nutznießern einer Kultur zu gesellen, deren Überlegenheit faszinierend war. Die englischen Pilger, die in unzähligen Etappen im 8. Jahrhundert ans Grab des heiligen Petrus wallfahrten, suchten jenseits der Alpen nicht nur ihr Seelenheit. Karl Martells Gedanken galten nicht allein der Beute, als er auf Narbonne vorstieß, auch die Pippins des Kurzen nicht, als er es eroberte, noch gar die Karls des Großen, als er die Pyrenäen überschritt und als er nach Rom kam, um sich zum neuen Augustus ausrufen zu lassen. Dasselbe Verlangen, sich in minder barbarischen Landstrichen niederzulassen, von denen die den Ölbaum, die Pinie und die Taten des Guillaume d'Orange preisenden Heldenlieder schwärmten, löste im Hochmittelalter die mutwilligen Züge gen Süden aus, verleitete kurz nach der Jahrtausendwende burgundische Ritter sowie solche aus der Champagne dazu, das Abenteuer in Aragon, Kastilien und Portugal fortzusetzen, königstreue Deutsche, sich in die Emilia, die Toskana und nach Latium zu wagen, und normannische Burschen, ihr Glück in Palermo und Bari zu suchen. Es beflügelte die Kreuzzüge, die nach Jerusalem oder Tunis führten, und es ließ die Streiter im Namen Christi im Herrschaftsgebiet der Katharer für die Verbreitung des rechten Glaubens fechten. In den meisten Fällen kehrten die Eroberer in ihre Heimat zurück, freilich verführt, erlegen.

Die Berichte von den Lustbarkeiten, in deren Genuß sie bei

ihren Eskapaden gekommen waren, die Schönheit der Dinge, die sie mit vollen Händen nach Hause gebracht hatten, bildeten wiederum für andere den Anreiz, aufzubrechen und, waffenstrotzend, zu Raub und Plünderung entschlossen, dorthin zu ziehen, wo ein bestimmter Zivilisationsbegriff seinen Ursprung hat.

Doch stets folgten den Kriegerscharen Einzelne, die sich vor allem nach Bildern, nach neuem Wissen und schöner Sprache sehnten. Für sie war in Rom seit dem Hochmittelalter ein Antiquitätenhandel entstanden. Kaum war Toledo erobert, schickten sich neue, weniger rohe, aber nicht minder habgierige Plünderer an, die in seinen Bibliotheken angehäuften Schätze auszubeuten, bildeten sich Übersetzergruppen, um den Gelehrten jenseits der Berge die Texte verständlich zu machen, welche die Araber ihrerseits aus dem Griechischen übersetzt hatten. Und als sie 1204 Konstantinopel erstürmten, fielen die Abendländer über das Gold, die Stoffe, die Gewürze und über die Reliquien her; gleichzeitig entschlossen sich einige von ihnen, die bronzenen Pferde des Hippodroms in ihre Stadt zurückzubringen.

Seit Jahrhunderten schöpft so Europa aus den Quellen und der Kultur, die sich in der mediterranen Welt seiner Raffgier darbieten. Es verwüstet die Monumente, wütet in den Büchervorräten, die nach und nach zunichte werden, wiewohl sie so überaus reichlich sind, daß heute noch der beschlagene Forscher verschonte Meisterwerke entdecken kann. Europa treibt Schindluder, reißt die Stücke zur Zierde von Körper und Geist an sich. Dieser Räuberei verdankt sich die jahrhundertelange Geringschätzung, welche die eigenen Ausdrucksweisen erfuhren, ihre Verdrängung in ein Schattendasein, als sei der einheimische Stil, zu sprechen, zu singen, Holz zu schneiden und mit Holz zu bauen, Votivtafeln, Schwertknäufe oder Gürtelschnallen mit abstrakten Zeichen zu schmücken – obwohl es kraftvolle und stets zu weiterer Verbreitung drängende Formen sind, unter denen die importierten begraben würden – lediglich das Werk bäurischer, knechtischer, grobschlächtiger Menschen. Und während Jahrhunderten wirkt die Beute fern von ihrem Ursprung als schöpferisches Ferment weiter. Denn was ins Innere des Kontinents verpflanzt worden war, wurde keineswegs dem Lebensprozeß entzogen; es wurde vielmehr in ihn eingespeist. In Fürstengemächern oder in kirchlichen Bauten versammelt, wohin sie durch fromme Schenkungen zur Ehre Gottes und zum Sündenablaß gelangt waren, lagen diese Gegenstände nicht brach. Sie wurden benutzt. Sie tauchten bei den Zeremonien auf, um das Ansehen des Oberhaupts zu erhöhen und die Liturgien der Macht und des Glaubens prunkvoller zu gestalten. Alle Stücke dieser Sammlungen wurden wiederverwendet, zu neuem Gebrauche, gingen in neuen Dekorationen auf. Sie lebten. Und man mußte sie folglich periodisch wieder instand setzen, restaurieren, für ihren Unterhalt sorgen, der den Arbeitern jener Kunstwerkstätten oblag, die zu eben diesem Zwecke eingerichtet worden waren: Ateliers von Goldschmieden, Gießern, Bauführern, Malern, Schriftenmalern. Ihre Rolle bestand darin, einzelnes ins Ganze einzufügen, Lücken zu füllen, für Neues Platz zu schaffen, mit einem Wort: zu verfertigen. Vor allem galt es, Unstimmigkeiten zu vermeiden. Der edelste Teil eines Werks – diese oder jene in ein Prozessionskreuz eingefügte Gemme, dieser oder jener Vers Ovids in einem Gedicht – diente mithin zum Vorbild, und alles weitere hatte sich seiner Ästhetik zu beugen. Zu Beginn waren die Kunsthandwerker Kopisten. Doch handfertig geworden, nahmen sie es an Sachverstand bald mit den Urhebern der Werke auf, auf die sie ihren Fleiß verwendet hatten, und trauten sich neben und nach den Vorbildern eigene Werke zu. So ließ die mediterrane Wurzel ihre Säfte jahrhundertelang in neue Blüten aufgehen. Zu gewissen Zeiten schlug sie heftiger aus. Der Glanz der Hochrenaissance, der uns noch heute verleitet zu glauben, unser Mittelalter sei barbarisch gewesen, darf die Folge von Renaissancen nicht vergessen machen, die ihr voraufgingen, sie vorbereiteten, den anhaltenden Willen, zu erneuern, vielmehr das Erbe neu zu verknüpfen, neu an die Hand zu nehmen, es besser zu verwalten, Erinnerungen aufzufrischen, die eifersüchtig gehütet und doch unaufhörlich vom Vergessen ausgewaschen wurden, unter dem

Einsickern autochthonen Substrats sich zersetzten, in gewissen Momenten der Schwäche vom Untergang bedroht waren, aber seit dem Erlöschen Roms unter nimmermüdem Aufwand aufs neue genährt, vervollständigt und mit allen Kräften lebendig erhalten wurden.

In der Reihe der Renaissancen hebt die erste und fruchtbarste im 8. Jahrhundert an. Sie ist karolingisch. Schon lange bevor er das Weströmische Reich wiederaufleben ließ, hatte Karl der Große sich entschlossen, die Kultur des Altertums zu retten. Seine Absicht war religiöser Natur. Er wollte die Kirche seines Königreichs reformieren. Das Christentum stützt sich auf eine Schrift, die seine Priester wenigstens lesen und verstehen können sollten, Texte, die im Abendland im Latein der Blütezeit niedergelegt sind. Aber das Latein, das in Gallien gesprochen wurde, war so verdorben, daß der Klerus kaum richtig zu lesen und die Schrift schwerlich zu verstehen vermochte. Seine Schulung war vordringlich. Der Frankenkönig rief Sachverständige zu Hilfe. Es gab sie jenseits der Alpen und der Pyrenäen. Die tüchtigsten kamen von den Britischen Inseln, wo das Latein, da den heimatlichen Dialekten nicht verwandt, eine tote Sprache war, die systematisch unterrichtet werden mußte, und zu diesem Zwecke hatte man römische Schulen eingerichtet. Karl der Große verpflanzte diese in seine Umgebung, ging vom Elementarsten aus, forderte, daß zunächst das Alphabet erneuert würde, dessen Kenntnis er gern verbreitet gesehen hätte, und ging mit gutem Beispiel voran, indem er nächtens die Buchstaben erlernte. Von diesem Herrscher ist noch heute das Bild lebendig, wie er auf Klassenbesuch die guten Schüler beglückwünscht, die schlechten tadelt. Ein naives Bild. Doch immerhin gibt es dieser Tat, die von entscheidender Bedeutung war, in unserem Bewußtsein von der eigenen Kulturgeschichte den richtigen Stellenwert. Da sie zu einem Zeitpunkt unternommen wurde, als ein beträchtlicher Teil der römischen Welt durch den Einfluß des Islam ins Wanken geriet und die untergehende lateinische Tradition im Herzen

Europas zerfiel, kann man sich mit Gründen fragen, was andernfalls vom mediterranen Erbe überlebt hätte. Die Schule Karls des Großen war die antike Schule, die, reformiert, wieder zum Leben erwachte; sie nimmt andeutungsweise unsere vorweg. In erster Linie freilich war sie die bescheidene, doch unerläßliche Grundlage für einen Neubeginn. Und so flammte zwischen Loire und Rhein, in der tiefbäuerlichen Schwerfälligkeit Mitteleuropas, wo Alkuin und seine Nacheiferer die verglimmende Asche geduldig schürten, das Feuer wieder auf. Es ist seitdem nicht mehr erloschen.

Die Kirche zu reformieren bedeutete nicht nur, das sprachwissenschaftliche Bildungswesen personell zu stärken und die lateinischen Dichter neu zu kommentieren, damit der heilige Augustinus den Bischöfen wieder verständlich wurde und damit sie Bibelauslegungen im Stile des heiligen Hieronymus und Gregors des Großen zu verfassen imstande waren, sondern es hieß auch, die Formen des Gottesdienstes zu vervollkommnen und hierzu auf die Modelle der Alten zurückzugreifen. Karl der Große führte die altrömischen Kirchenbräuche sowie den gregorianischen Gesang wieder ein, ersetzte in den meisten Klöstern die örtlichen Sitten durch Formen des klösterlichen Lebens, wie sie einst im Herzen Italiens entworfen worden waren: die der Benediktinerregel. Der König, der selber noch Zierat barbarischer Machart trug, erwartete, daß sich im Kirchenschmuck die Kunst des Imperiums widerspiegelte. Zur Ausschmückung der liturgischen Bücher, nach denen die erneuerte Kirche verlangte, machten sich deshalb die Maler und Elfenbeinschnitzer zu eigen, was sie von jener Kunst noch vorfanden, und stellten zwischen die Bogenreihen eines vorgetäuschten Säulengangs scheinbar wirkliche Bildnisse von Evangelisten. Aus derselben Sorge um Altertümlichkeit wurden Stiftskirchen den Basiliken der Antike nachgebildet. Und als der Herrscher sich durch die Salbung selbst in die geistliche Welt eingegliedert hatte, schlug sich die mediterrane Ästhetik auch in seinem eigenen Haus nieder. Denn der Palast, den Karl der Große sich auf seinen Ländereien bei Aachen erbauen ließ, in der Nähe der Wälder, wo er gern zur Jagd ausritt, und der Gewässer, in denen er zu schwimmen pflegte, sollte den Prachtbauten von Ravenna gleichen, nach seinem Dafürhalten treue, vor allem lebendige, zeitgenössische Zeugen einer Baukunst, deren Entwicklung von den früheren Kaisern angeregt worden war. Der Höhepunkt dieser Bemühungen war die Krönung im Jahre 800, die aufsehenerregende Kundgebung des Willens, zu den Quellen zurückzukehren. Selbstverständlich war Rom Schauplatz dieser Zeremonie. In Rom, im Umkreise des Papstes, war der Plan gereift. Alle geistig Interessierten des Kontinents, die von der Erinnerung an römischen Prunk fasziniert waren und darin nur die glücklichen Tage des Imperiums gespiegelt sahen, nahmen die Idee auf. Sie machten sie zu der ihren, überzeugt, es liege an ihnen, die Epoche Kaiser Konstantins des Großen wiederauferstehen zu lassen.

Diese Erweckung war die Tat einer Handvoll Männer, einiger Priester und militärischer Führer. Sie überzog das Lebensgefühl der ansässigen Völker und ihre Kulturen mit einem feinen Schleier. Sie war jedoch nicht künstlich. Der Pfröpfling wuchs heran. In zwei Generationen füllten sich die neu eingepflanzten Formen mit schöpferischen Leistungen, die sich darin frei entfalteten. Die Lebensbeschreibung des neuen Kaisers, die wir der Feder Eginhards verdanken, scheint noch ungelenk, in den Stil der Prosa Suetons gekleidet. Aber in Compiègne, am Hofe Karls des Kahlen, faßte Johannes Scotus, der Ire, der nicht nur Latein, sondern auch Griechisch las, die Ader wirklichen theologischen Denkens; er entwarf die Fundamente einer ersten abendländischen Philosophie. Mitte des 9. Jahrhunderts, auf den in Tours, Reims und Saint-Denis gemalten Pergamenten, ist der Klassizismus nicht mehr nur geborgter Dekor; er lebte wirklich wieder auf, auch in den Mosaiken von Germigny-des-Prés, in dem im Kloster Sankt Gallen umbauten Raum. Der Erfolg war so strahlend, daß er die gierigen Blicke der Völkerschaften im Norden auf sich zog, die von Rom nicht das geringste wußten. Die Raubzüge der Skandinavier, in deren Verlauf sie die Klosterschätze verheerten, setzten noch vor dem Tode Karls des Großen ein. Was sie verlockte, waren einzig Gold, Silber und Edelsteine; sie achteten die Gestalt der Gegenstände nicht, die sie an sich rissen. Sie zerstörten, und ihre Einfälle machten einstweilen der Renaissance ein Ende. Aber es waren die letzten, die Europa über sich ergehen lassen mußte; sie hatten die Öffnung eines Gebiets um die Nord- und Ostsee zur Folge, wo sich das Christentum verbreitete, das heißt auch, in seinen Fußstapfen, das Latein, also die karolingische Schule, die Liturgie und mithin die Baukunst, die Kunst des Steinhauens, des Zeichnens menschlicher Figuren auf den Seiten eines Manuskripts, schließlich ein bestimmter Stil zu regieren und dem Gesetz Nachdruck zu verschaffen. Die Plünderzüge rannten sich an jenem Wall fest, den das mittlere Germanien darstellte, jene eben von den Karolingern zivilisierte rauhe Welt, in die sich die aus den verheerten Provinzen vertriebenen Mönche mit ihren Heiligenschreinen und den Büchern, die sie zu retten vermochten, geflüchtet hatten. Das Unternehmen der »renovatio« konnte sich im Herrschaftsbereich der Ottonen fortsetzen, die es erweiterten, indem sie ein zweites Mal das Römische Reich auferstehen ließen. Sohn einer byzantinischen Fürstin, träumte der Kaiser im Jahre 1000 davon, den Sitz seiner Weltherrschaft endgültig nach Rom zu verlegen. Es gelang ihm auch für eine Weile. Zur gleichen Zeit erschienen im »deutschen Wald«, auf Bronzeportalen, in der Illuminierkunst der Perikopen, im Schatten dessen, was sieben Jahrhunderte zuvor der mediterrane Kulturkreis gewesen war, neue Zeichen der Kunst der Antike.

Von den Historikern der abendländischen Kultur wird eine zweite Renaissance hervorgehoben, die im 12. Jahrhundert. Doch in ihr ging in Wirklichkeit nur die erste richtig auf: der anhaltende wirtschaftliche Aufschwung begünstigte die Entfaltung des Erbes; die militärische Expansion in Spanien, Süditalien und im Heiligen Land trug ihm neue Errungenschaften zu. Aber weder war der Schauplatz – die alten fränkischen Provinzen –

noch waren die handelnden Personen – der hohe Klerus, die Fürsten, die Schule, die Kirche, der Palast –, noch war der Geist ein anderer. Das klassische Altertum blieb das Vorbild. Unbeirrt suchte man seinen Überresten neues Leben einzuhauchen, sie wieder in Gebrauch zu bringen und sie zu diesem Zwecke umzugestalten. Suger, Abt von Saint-Denis, erwirbt eine antike Vase; er schließt sie nicht in eine Truhe ein, vielmehr erteilt er Goldschmieden den Auftrag, sie anzupassen und in die Dekoration einzufügen, die er für die Liturgien in seiner renovierten Basilika entfaltet. Die Inschrift, die er in das Objekt gravieren läßt, spricht eine deutliche Sprache: »Diese Vase war schön, und sie ist es nun um so mehr als Weihegabe eines menschlichen Werkes zur Ehre Gottes.« Zur gleichen Zeit nahm ein Dichter den Text der *Äneis* wieder auf, nicht weniger respektvoll. Er scheute sich gleichwohl nicht, das Latein Vergils in den höfischen Dialekt zu übertragen und die antiken Helden in tapfere, in Liebesangelegenheiten beschlagene Ritter zu verwandeln, um den Roman des Äneas in dieser verjüngten Fassung den Herrschaften und Damen zur Kurzweil zu unterbreiten – ein Renovierungsprogramm, das durch die allmähliche Rückkehr zu den hellenischen Quellen an Kraft gewann. Was Rom ziemlich vernachlässigt hatte, was die Kirchenmänner, welche die Schule der Antike rekonstruiert hatten, nicht wiederzufinden versucht hatten, da sie sich, darauf bedacht, die *Vulgata* besser zu verstehen, einzig und allein auf die Wörter und die Ordnung des lateinischen Diskurses konzentriert hatten – ich spreche von den Erkenntnissen und der Philosophie der Griechen –, trat im 12. und 13. Jahrhundert in dem Maße hervor, wie Euklid, Ptolemäus und nach und nach das gesamte Werk des Aristoteles zunächst aus dem Arabischen, dann direkt aus dem Griechischen übersetzt wurden, ein neues wissenschaftliches und philosophisches Vermächtnis der mediterranen Welt, das die Empfindungsweisen, die Ausdrucks- und Glaubensformen von Grund auf umstürzen sollte. Die Reinheit, die aus den neuentdeckten Werken sprach, sowie das Beispiel der christlichen Monumente im nun besser bekannten Orient läuterten denn auch die Gotik von den Mißgestalten und Schimären, an denen die romanische Kunst sich ergötzt hatte. Sie forderten zu mehr Strenge und Harmonie auf und mündeten in die höchst klassischen Formen der *Visitation* in Reims und des *Eros* in Auxerre.

Die Aufarbeitung der mediterranen Traditionen durch die Gotik wurde von jener Zeit verleugnet, die wir die Renaissance nennen. »Rinascimento« bedeutete die Wiedergeburt Italiens, der italienischen Heimat, im Namen eines von den Erinnerungen an den Glanz Roms genährten Nationalgefühls. Die Bewegung geht nicht aus einer Transplantation hervor. Sie wurzelt im Boden selbst, mitten in der Meeresumgebung, und das heißt, daß die mediterrane Welt, von ihren Brüchen geheilt, endlich wieder Gestalt annimmt und daß ihre lange Erstarrung aufbricht. Früh schon, seit Seeleute aus Pisa, Genua und Venedig sich erfolgreich sowohl in den Heiligen Krieg als auch in die Eroberungsfeldzüge des Handels einschalteten, entwickelte sich diese Bewegung. Sie machte sich zuerst in Pisa bemerkbar. Ein Bauwerk, der Duomo, der an der Schwelle des 12. Jahrhunderts sich zu erheben beginnt, ist seine erste Kundgebung, Vorbild aller später in den Städten Italiens und dann überall in Europa und in Amerika errichteten Dome. Die Bildhauer lösten die Baukünstler ab. Sie versuchten sich erst in Kampanien in der Nachahmung antiker Marmorarbeiten, indem sie den Ehrenbildnissen Kaiser Friedrichs II. die Züge der Augustusbüsten aufprägten. Aber bald, wiederum in Pisa, befreiten sie sich von den Mustern, und die große toskanische Bildhauerkunst, Tochter der römischen und der etruskischen Bildhauerei, freilich eine selbständige Tochter, brachte schließlich Giotto hervor, den die italienische Nation als ihren Helden feierte, weil er »die Kunst des Malens vom Griechischen aufs Lateinische« übertragen hatte – Giotto, der für drei Jahrhunderte aus der Malerei, und zwar der italienischen, die höchste Kunstgattung Europas machte. Trifft das Wort Erbe noch auf eine Gesellschaft von Händlern, Kondottieri, Unternehmern und Kunsthandwerkern aus eigenem Vermögen zu, die ihrem Vater nichts verdankten außer dem Blut, erfahrenem Rat und dem Sinn dafür, sich auf demselben Wege weiter vorzuwagen? Abstammung eher, ununterbrochene Geschlechterfolge. Wo sonst außer in Rom, auf dem Kapitol, ließe sich der Gleichklang von Vergangenheit, Gegenwart und Zukunft in der Stetigkeit des Kunstprozesses so deutlich wahrnehmen? Als Michelangelo das Reiterstandbild Marc Aurels in eine räumliche Ordnung stellt, interpretiert er auf seine Weise, was aus der Antike auf ihn gekommen ist, freilich in dem Bewußtsein, daß der Raum, in den er gestaltend eingreift, nicht ein Museum ist, sondern ein Platz, ein Ort, an dem die Nachfahren sich über Politik, Geschäfte und die Liebe unterhalten werden. Für das Italien der Renaissance war das klassische Altertum wie ein Familienhaus, das eine Weile verwaist war und in das nun, da die Fensterläden wieder geöffnet sind, frische Luft und Sonne eindringen, in dem man sich niederläßt, wie es einem gefällt, im Herd das Feuer wieder anfacht, ein liegengebliebenes Buch aufschlägt und sich beeilt, die Zimmer mit frischen Tapeten und Blumen zu schmükken.

Nun blühte Italien, das Italien der volkreichen Städte, des Florentiner Guldens, der Seidengewirke, der »fondachi« von Smyrna und Alexandria, bereichert durch den Rückfluß aus dem unter dem Ansturm der Türken zusammenbrechenden Byzanz, rasch so sehr auf, daß sich seine Kultur und seine Lebensart auf Fürstenhöfen und Marktplätzen in ganz Europa durchsetzten. Seine Künstler, seine Gelehrten, seine Musiker und Politiker waren allerorten anzutreffen, ebenso wie seine Bankiers und seine Putzmacher. Das Paris Johanns des Guten, Karls VI., der ersten Humanisten war ihm bereits zugewandt, übersetzte Boccaccio, empfing Christine von Pisan, gespannt auf die Versuche der Perspektivzeichner in der Toskana blickend. Der italienische Stil verbreitete sich von Böhmen, wo Kaiser Karl IV. residierte, und von Avignon aus, wohin die Päpste umgezogen waren, dem Avignon Petrarcas, wo Simone Martini und Matteo Giovanetti aus Viterbo in gewaltigen malerischen Unternehmungen gewirkt und dieses Land so tief geprägt hatten, daß die Maler aus dem Norden, die auf sie folgten – Enguerrand Charenton, der Meister von Aix –, die Welt nicht mehr anders als durch ihre Augen zu sehen vermochten. Jean Fouquet und Dürer bildeten sich jenseits der Alpen fort. Fürsten eilten herbei, träumten davon, Neapel oder Mailand zu beherrschen, und kehrten zurück wie Kreuzritter, mit Manuskripten und Kunstgegenständen bepackt; in Amboise, wohin er geladen worden war, starb Leonardo. Italien ist eine Zauberin. Es bildet, bringt eine ganz und gar anverwandelte Antike näher. Nach seinem Beispiel gewöhnt man sich daran, in Umzügen, Gärten und auf Bällen Götter, Helden, Amoretten Seite an Seite mit Heiligen und Hofschranzen zu sehen, und sie haben ihren Platz auch bei den Feiern der Kirche und der Herrschaft von Gottes Gnaden, welche beide sich nicht scheuen, Ciceros Rhetorik und Ovids Mythologie zu ihrem Nutzen zurechtzustutzen. War je die Vorliebe für den Mittelmeerraum, einen anmutigen, zauberischen Mittelmeerraum, lebendiger – bis nach Edinburgh, Wien und Sankt Petersburg? Auch, nebenbei, für Griechenland, insbesondere jedoch für Venedig, Neapel, und ganz im Vordergrund stand Rom, das Rom der Opern, der Maskeraden, der in Kapellen oder Tavernen verwandelten Tempel, der Kunstkritik, der Feste rund um die Brunnen: das freigebige, geschwätzige, fromme, das stets lebendige Rom.

Alles änderte sich jäh, als in der globalen Bemühung, Inventur zu machen, die Elemente des Wissens zu ordnen und zu klassifizieren, neben anderen Wissenszweigen die Archäologie entstand. Ein Name: Winckelmann, Antiquar des Heiligen Stuhls. Eine Jahreszahl: 1764. Das Altertum hatte etwas Brüderliches gehabt; nun ist es unnahbar, mumifiziert, Gegenstand einer Wissenschaft und einer Technik, die in den Grabungsstätten von Pompeji und Herculaneum keine Meisterwerke mehr entdeckt, sondern eine provinzielle, gewöhnliche, im Augenblick ihrer Zerstörung erstarrte römische Welt, die durch die Offenlegung ihrer alltäglichsten, gemeinsten Gesten mit einem Schlag ihre köstliche, vergnügliche, begeisternde Magie einbüßt und in die

Tiefe der Geschichte zurückweicht. Kein Gedanke mehr daran, die Villen oder die Schürfstätten, die die wissenschaftliche Forschung freilegt, in Renommierorte oder solche der Entspannung zu verwandeln, die Funde zu Schmuckobjekten zu erklären, sie wiederzuverwenden, wie man es während Jahrhunderten getan hatte. Die Trümmer gehören ins Museum, in Schaukästen, um auf Distanz betrachtet, etikettiert, katalogisiert, analysiert zu werden, so wie Trockenblumen im Herbarium, so wie präparierte Schmetterlinge in ihren Vitrinen.

Die Plünderung nahm kein Ende. Sie hatte nun jedoch einen anderen Zweck. Als Lord Elgin den Architrav des Parthenon zerlegte, damit der Fries und die Metopen leichter fortgeschafft werden könnten, geschah dies nicht, um die Trümmer in einen neuen Bau einzufügen; man deponierte sie in London in den frostigen Sälen eines Wissenstempels. Restaurieren hieß nicht länger, einen Gegenstand entschlacken, ihn vervollständigen, um ihn eine neue Funktion erfüllen zu lassen, hieß nicht mehr, ihn dem Zeitgeschmack anpassen, sondern im Gegenteil, ihn abbeizen, nachträglich Hinzugefügtes tilgen, Retuschen und Übermalungen beseitigen, das Fragment in seinen Urzustand zurückversetzen und das Geschwür der Zeit unverhüllt zeigen – die Wunden und Risse eher noch betonen. So als sei man von der früheren Verschwendung in einen neuen Geiz gefallen, wurde das Erbe der mediterranen Klassik peinlich genau magaziniert, gleichwohl immer mehr den Blicken ausgesetzt, auf Stichen nämlich, die das Bild der Sammelstücke und Grabungsstätten überall feilboten. Handwerker und Künstler standen daher erst recht unter dem Zwang der reinen, lauteren Formen der antiken Kunst. Zur Zeit eines Canova und eines Thorvaldsen war eine ganze Schule des Städtebaus auf Bogengänge, Säulenhallen und Kranzgesimse aus, im Interesse von Städten, die sich einen imperialen Anstrich geben, oder von Hausbesitzern, die sich pompejanisch gerieren wollten. Selber totenstarr, projizierte diese Kunst ihre eigene Steifheit auf die Werke, mit denen sie zu wetteifern vorgab: kalte Materialien, strenge Winkel, Geradlinigkeit der neuen Stile. Als vorbildlich galt das Nüchterne, Asketische. Man hielt sich um so peinlicher daran, als der Unterricht in Latein und Griechisch, die beide hinfort als tote Sprachen behandelt wurden, zum unerbittlichen Drill einer Disziplin wurde. Die Sprache der Alten war nicht länger Anregung zu Libertinage und einem empfindsamen, aufgeweckten Humanismus. Sie mahnte an die Tugend. Sie sprach von Gehorsam, von Zucht. Die Lektüre Plutarchs nährte den damit verbundenen Traum, im Mittelmeerraum wieder Imperien aufzubauen und nachdrücklich auf stramme Bürgertugend zu pochen. Was so von den Erinnerungen an die mediterrane Vergangenheit blieb, war ausgelesen. Es wurde über die Freuden des Lebens gleichsam ein Schirm gespannt, auf dem der Entwurf einer moralisierten, unterwürfigen, gestrafften Gesellschaft festgehalten war – nach den Modellen des Gymnasiums, der Kaserne, des modernen Gefängnisses und Krankenhauses (so wie bei dem Rundquartier, das Ledoux für Arc-et-Senans entwarf), unter der Aufsicht eines Gebieters, der alles beobachtete, über allem wachte, alles überschattete. In der verlängerten Achse dieses Bruchs, der in der Epoche der Aufklärung das mediterrane Vermächtnis schlagartig vom Getriebe der Welt abschnitt, um es im Museum und in einem Bildungssystem einzuschließen, steht das Rom Mussolinis, das – neben dem Rom der frühchristlichen Basiliken, neben Bramante und Berninis barokken Masken – die Silhouette einer hohlen Architektur hochzog, die in die Grabesstille hinein den verbalen Imperialismus und die faktische Unterdrückung aller Lebensäußerungen deklamierte.

Unsere Zeit, wir wissen es wohl, verwirft dieses gefälschte Mittelmeerbild. Sie hat sich so hartnäckig vom Latein abgewendet, daß selbst die römische Kirche sich bereit finden mußte, es aus ihren Messen zu verbannen. Im Grunde äußerte sich jedoch der Widerwille gegen ein pedantisches und frostiges Altertum augenblicklich, sogar schon bevor Europa, der Revolution und des napoleonischen Abenteuers müde, sich eifrig wieder an den Aufbau des Ancien Régime begab. Die Romantik, indem sie sich dafür entschied, nicht mehr römische Tempel, sondern gotische

Kathedralen zu restaurieren, war Ausdruck dieser Abneigung. Sie wollte sich durch eine wilde, sich selbst überlassene Natur einen Weg zu echten Ruinen bahnen, die kein Altertumsforscher entweiht und die niemand von ihrem Gestrüpp und ihren verrufenen Bewohnern befreit hatte. Eine Todessehnsucht führte zu ihnen, als gelte es Shelley in den Kenotaphen des alten Rom zu begraben. Tatsächlich besaß die mediterrane Welt weiterhin höchst fesselnde Züge. Doch das 19. Jahrhundert entschied sich für einen rätselhaften und feurigen Mittelmeerraum, der nichts mit jenem gemein hatte, mit dessen Trümmern die anderen Nekropolen, die Glyptotheken und Philologenkabinette, angefüllt waren. Für eine Weile war es gebannt von der Offenbarung des pharaonischen Ägyptens, den Geheimnissen seiner Schrift, seiner Götter, seines Wissens. Dann wendete es seinen Blick dem für seine Unabhängigkeit kämpfenden Griechenland zu, und damit den Türkenszenen, den Harems, von denen Ingres besessen war, dem Maghreb, wo Delacroix begeistert auf lebendige Griechen und Römer traf. Die neue Route führt geradewegs von Paris nach Jerusalem; auf der Akropolis wird bloß Zwischenstation gemacht, um sich vor den verlassenen Säulengängen kurz zu besinnen. Die Reisenden, die sich nun nach dem Orient aufmachten – oder es zumindest vorgaben –, Nerval, Flaubert, Gide, was mochten sie dort anderes suchen als die Freuden der Ungebundenheit, die Landschaften und Daseinsformen, die sich mit den durch ihre Frustrationen erzeugten Wahnvorstellungen vereinbaren ließen, die Wärme und das bebende Leben, dessen die steifen, verknöcherten, abstoßenden Modelle entbehrten, welche die Schule anbot, die endgültige Verdammung dessen, was die Akademie aus dem Altertum gemacht hatte, aber auch der Zotigkeiten der offiziellen Kunst?

Immer zwingender werdend, zieht dieser Antrieb schließlich die Ideen und die Erfahrungen in die Kulturkrise, deren Prophet Nietzsche und deren erste Zeugen die Maler waren. Ihnen gewährte die mediterrane Welt weiterhin einen Begriff des Maßes, der Ordnung und Harmonie. Renoir zog Cennino Cennini zu

Rate, und Cézannes Wunsch war es, »große klassische Landschaften« zu komponieren. Weder der eine noch der andere kam jedoch auf den Apollo von Belvedere zurück. Cézanne baute seine Staffelei vor dem Motiv auf, Renoir stellte Betrachtungen über Fresken an, wie Italien sie im Überschwang seiner ersten Renaissance frei gestaltet hatte. Und was van Gogh in der Landschaft um Arles, Matisse in Collioure, Braque in l'Estaque entdeckten, war der Exzeß. Seit nahezu einem Jahrhundert zeigt das Mittelmeer denen, die es auf den Vorposten der Hoffnung belauern, ein gewaltsames Antlitz. Prallheit der die Farben versengenden Sonne, Ungestüm der Düfte des Adonisgartens, Heftigkeit des Winds und des Gewitters, das auf das trockene Gestein und die schwarzen Büsche niedergeht – ein hartes, graues und weißes Land, das seine Stelen in der Einsamkeit und Stille am Rande eines dunklen und kargen Meeres aufragen läßt und das die Not lehrt. Daraus gehen die kahlen Architekturen von Soulages hervor. Und die schmerzverzerrten emblematischen Figuren, die auf der großen Bühne Picassos gestikulieren. Und ebenso die *Massacres* von André Masson. Wir haben das alte Erbe keineswegs ausgeschlagen, aber wir haben uns aus freien Stücken in seiner finsteren Hälfte festgesetzt. Das Griechenland der schönen Literatur gefällt uns nicht mehr. Jenes fesselt uns, das den Geruch von Blut und Tod an sich hat, das dionysische, das Griechenland der Unterwelten und Mythen, das Heraklits, des Minotaurus, das lebendige, wirkliche Griechenland, das seit Jahrtausenden Ziegenböcke schlachtet und ausgehungert, ekstatisch zwischen Ikonen und Beschwörungen tanzt. Sonne, ja – aber tragisch. Feste, ja – aber die des Volks. Eine mediterrane Welt – rauh und berauschend. Das Mittelmeer der Armen.